紛争事例に学ぶ、ITユーザの心得

【契約・費用・法律編】

細川義洋

本書内容に関するお問い合わせについて

このたびは翔泳社の書籍をお買い上げいただき、誠にありがとうございます。弊社では、読者の皆様からのお問い合わせに適切に対応させていただくため、以下のガイドラインへのご協力をお願い致しております。下記項目をお読みいただき、手順に従ってお問い合わせください。

●ご質問される前に

弊社Webサイトの「正誤表」をご参照ください。これまでに判明した正誤や追加情報を掲載しています。

正誤表　http://www.shoeisha.co.jp/book/errata/

●ご質問方法

弊社Webサイトの「刊行物Q&A」をご利用ください。

刊行物Q&A　http://www.shoeisha.co.jp/book/qa/

インターネットをご利用でない場合は、FAXまたは郵便にて、下記"翔泳社 愛読者サービスセンター"までお問い合わせください。
電話でのご質問は、お受けしておりません。

●回答について

回答は、ご質問いただいた手段によってご返事申し上げます。ご質問の内容によっては、回答に数日ないしはそれ以上の期間を要する場合があります。

●ご質問に際してのご注意

本書の対象を越えるもの、記述個所を特定されないもの、また読者固有の環境に起因するご質問等にはお答えできませんので、予めご了承ください。

●郵便物送付先およびFAX番号

送付先住所　〒160-0006　東京都新宿区舟町5
FAX番号　　03-5362-3818
宛先　　　　（株）翔泳社 愛読者サービスセンター

※本書に記載されたURL等は予告なく変更される場合があります。
※本書の出版にあたっては正確な記述につとめましたが、著者や出版社などのいずれも、本書の内容に対してなんらかの保証をするものではなく、内容やサンプルに基づくいかなる運用結果に関してもいっさいの責任を負いません。
※本書に掲載されているサンプルプログラムやスクリプト、および実行結果を記した画面イメージなどは、特定の設定に基づいた環境にて再現される一例です。

※本書に記載されている会社名、製品名はそれぞれ各社の商標および登録商標です。

まえがき

　IT開発プロジェクトの成功率については、さまざまな機関が調査を行っており、その数字も3割弱から約7割5分[注1]までいろいろのようです。しかし、この成功率が、仮にもっとも高い7割5分だとしても、ほぼ4回に1回はコストオーバーだったり、納期遅延だったり、あるいは品質が悪いシステムだったりという状態ですから、これが企業（ユーザ企業、ベンダ企業とも）の経営に与える影響というのは深刻です。

　「1億円で済むと思っていたIT開発が3億円かかった」「納期遅延でシステムのオープンが遅れ、想定外の工数や古いシステムの延命あるいは、機会損失のために数億円の損が出た」「5億円かけて作ったシステムに欠陥が多くて使いものにならない」……こんな話は、もはや日常茶飯事と言ってよいほど数多く聞かれます。億単位の損失を補おうとすれば、業種にもよりますが、おそらく、数十億から百億以上の新たな売上を上げなければなりません。また、これが社外に向けたシステムの場合、企業のイメージや信頼を大きく下げて売上を落としてしまうわけです。経営に重大な影響を与えるIT導入が4回に1回失敗しているという現状は、社会的に見ても大きな問題と言ってよいでしょう。

　どうして、こんなに多くのプロジェクトが失敗してしまうのか。私は、約10年間、東京地方裁判所でIT紛争を担当する民事調停委員を務めていましたが、その中で強く感じることは、ITを導入するユーザの"お任せ体質"が、その大きな要因となっていることです。自分の会社が導入したいITの要件を正しくベンダに伝えなかったり、意思決定をしない半端な情報でベンダが勝手な思い込みをもとに作った要件定義書をよく確認せずに承認したり、ベンダがプロジェクトの遅延や問題を伝えてきても、「プロであるそちらにお任せします」と、解決に協力しなかったり……、そんなトラブルがたくさんあるのです。

　「システム開発は、ベンダとユーザの協業である」。これは、あるIT紛争の判決において、裁判官が言った言葉です。ITにおけるユーザとは、単なる"お客様"でも"神様"でもなく、ベンダと一緒に汗をかき苦しむパート

注1) 日経コンピュータ 2014年10月16日号

ナー、いえ、チームメイトなのです。そうしたことをユーザが理解せず、また、ベンダもユーザをリードしないまま失敗を繰り返すさまを、私は残念さと苛立ちを感じながらいくつも見てきました。

　この本では、そのようにして法的な紛争にまで達してしまったITのトラブル事例を反面教師としながら、IT導入成功のポイントや工夫、あるいはそこにおけるユーザの責任を考えてみようと翔泳社さんのWebメディア「EnterpriseZine」に書かせていただいている「紛争事例に学ぶ、ITユーザの心得」という連載をまとめたものです。「"ベンダとユーザの協業"とはどんなことなのか」「ユーザはIT導入においてどんな責任を持ち、何をすべきなのか」「ベンダはユーザに何を教え、リードすべきなのか」。そんなことをこの本を読みながら考えていただき、ぜひ、ご自身のIT導入プロジェクトを成功に導いていただければと思います。

細川　義洋

目次

まえがき	3

第1章　要件変更と追加費用 — 9

ベンダの追加・変更作業をユーザが放置した結果起きた紛争の例	10
認識のズレや検討・検証不足に起因する要件変更も通常の変更と同じ	12
見積もりに合意しなくても、作業をさせてしまえば費用を支払う義務がある	13
要件の修正・改善にあたり、ユーザがやるべきこと	13

第2章　ベンダが勝手に機能を追加した！
それでも費用を払うべき？ — 17

ITには機能追加がつきもの	18
要件追加についての判例	18
追加注文と評価される業務については合意があると見なされる	19
正式合意がなくても追加注文と評価されたポイント	20
教訓1）検収は業務が成り立つ範囲で行うこと	21
教訓2）検収は業務が成り立つ範囲で行うこと	22

第3章　正式契約なく着手し頓挫した開発費用は精算されるか — 25

契約前に作業着手したために起きた紛争	26
結果は発注者の敗訴。1300万円を失うことに	27
契約前の作業着手には条件をつけるべき	28
何はなくとも記録と承認	29

第4章　契約せずに範囲外の機能追加。
ユーザは費用を負担すべき？ — 31

多くの関心を呼んだ"システムの機能追加に関する問題"	32
当初の契約範囲を超える機能追加と変更はITの宿命	33
ベンダの契約範囲外作業を監視するのはユーザの義務	34

第5章　追加見積もりに合意していない作業に
支払いの義務はあるか？ — 37

合意していない作業をベンダが行ったことについて争われた事例	39
ポイントはユーザ側の認識	39

第6章　提案書は正式な契約の代わりになるか？ — 41

追加開発の失敗で元の開発プロジェクトまで中断させてしまった事件	42
提案書の承諾は、事実上の発注か？	43
提案書は出発点に過ぎない	45
提案書を承諾したらやっておくべきこと	45

第7章　基本契約だけで作業をしたベンダに費用を支払うべきか？　49

個別契約を結べないままプロジェクトが頓挫した事件の例　50

請負契約は成立していたか？　52

ポイントは、基本契約書に個別契約の成立について明記していた点　53

準委任契約は成立していたか？　53

実態を鑑みた裁判所の判断　54

第8章　正式契約を渋り続けたユーザと我慢できなかったベンダ　57

契約前に作業着手して失敗したIT導入プロジェクトの例　59

ベンダのプロジェクト管理義務違反かユーザの信義則違反か　60

問題は減額要求ではなく、"放置プレイ"　61

"お客様は神様"ではなくなった　62

第9章　正式契約前に頓挫した開発の費用を巡って　63

正式契約前に頓挫した開発の費用を巡る裁判の例　64

受注者は作業した分を請求できるとした商法512条　65

正式に締結していなくても、実質的には契約はあると見なす　67

契約なしでの作業をさせるには、正式承認とリスクをとる覚悟　68

第10章　正式契約前に頓挫した開発の費用を巡って（続編）　71

正式契約前に頓挫した開発の費用を巡る裁判の例　72

契約前作業では成果物が役に立たなくても費用請求される　74

契約前作業ではベンダのプロジェクト管理責任を問えない　75

契約前作業は準委任のように扱う　76

第11章　ITユーザが情報漏えいに備えて　77
やっておくべきこと（前編）

どこまで努力をしても100%の防御はできない　78

常識的な対策をしていれば被害者、していなければ加害者　79

対策に抜けがあったベンダと提案を無視したユーザ　80

ベンダとユーザの責任は7：3　81

責任がどちらにあるにせよITユーザにはやるべきことがある　82

第12章　ITユーザが情報漏えいに備えて　85
やっておくべきこと（中編）

盗まれない努力と、盗まれたときの備えの両方が必要　86

全ての情報に同じ対策はナンセンス　87

被害想定者に着目した常識的なトリアージ　88

第13章　ITユーザが情報漏えいに備えて　91
やっておくべきこと（後編）

情報漏えいは経営危機にも発展しかねない　92

何もないときから情報漏えいを想定してルールを作る 93
被害金額で情報をトリアージしてプロセスを決めておく 94
個人としての心がけ 95

第14章　ソフトウェアの著作権は誰のものか（1）　97
契約書等で特別に取り決めのない場合のソースコードの著作権 98
ソースコードをもらうには契約が必要 101

第15章　ソフトウェアの著作権は誰のものか（2）　103
著作権法 104
思想又は感情を創作的に表現？ 105
「委託者が一緒に開発したんだ」と言っても…… 106

第16章　ソフトウェアの著作権は誰のものか（3）　109
ソースコードがどちらのものかについて争われた事例 110
著作物の所有権についての裁判所の判断 111
インタープリタ言語の場合はどうか 113

第17章　民法改正で変わるITの請負開発　115
請負契約の責任 116
民法改正による「請負契約」の変化 116
今までもあった「部分的な検収」の考え方 118
新しい「請負」の考え方に備えて 120

第18章　民法改正で準委任契約も変わる　121
準委任契約とは 122
準委任契約にも"成果"に関する条項が追加 123
準委任契約と請負の区別はどこで？ 123
法律が現実に追いついてきた？ 124
双方が誤解しないためには契約書 126

第19章　民法改正で変わる瑕疵担保責任の考え方　127
瑕疵担保責任とは 128
現状のままでは、IT開発には合致しないところもある 129
瑕疵担保責任に若干の制限が加わり、期限は無期限に 130
ユーザとベンダ、それぞれに注意してもらいたいこと 131

解説：契約って、常に揉めるんですよ。 134

7

第1章

要件変更と追加費用

第1章　要件変更と追加費用

　ITの要件は、企画段階から要件定義工程の完了に至るまで、新しい業務はどうあるべきか、そのためにシステムに持たせるべき機能はどうかを一生懸命に検討し、予算や期間とのバランスを考えながら決定されていくものです。経営層、ユーザ部門、システム部門それにベンダの人間が多くの時間と労力を費やし、何回も打ち合わせを重ねて、やっとの思いで決定していくわけですから、その内容は決していい加減なものではないでしょう。

　それでも、要件というものは変わってしまうことがあります。ユーザ部門の意向の変化、技術的な要因、ユーザの社内事情や社会情勢等の理由で当初の要件は変わっていくことが多く、ある程度の規模のITであれば要件変更は日常茶飯事と言ってもよいくらいです。

　仮にそうしたことが一切なくても、各部門やメンバーの意識共有不足・齟齬、伝達誤りのような、いわばミスによっても要件は変わります。正確な統計は知りませんが、20数年にわたってこの業界に身を置く私の経験の感覚からすると、当初の要件が全く変わることなくITの導入や開発を終えるプロジェクトはむしろ少数派でしょう。

ベンダの追加・変更作業をユーザが放置した結果起きた紛争の例

　要件の追加や変更がIT紛争を起こしやすいものであること、それらをうまく管理してプロジェクトを成功させる責任はベンダにありますが、ユーザも真摯に協力しなければなりません。このことについては、『紛争に学ぶ、ITユーザの心得【提案・開発・プロジェクト管理編】』の第1章、第2章でお話ししました。

　そこでお話しした"ユーザの協力義務"には、追加や変更に関わる判断をタイムリーに行うということも含まれます。エンドユーザ部門から、「この画面を変えてほしいんだけど……」と要望があり、ベンダに相談したところ、その費用が意外と高く、納期も延ばさないといけないことがわかった。システム導入の責任を持つユーザのシステム部門は、エンドユーザとコスト・納期の板挟みになって、頭を抱える……。こんなこと、よくありませんか？　私は、こんなユーザをたくさん見てきました。

10

悩むのは仕方ないとしても、その期間があまり長すぎると問題が起きます。こうしたとき、ベンダはユーザの判断を待たずに作業を継続したがるのです。ベンダは契約上、納期を守ることが債務とされています。また、せっかくアサインしたメンバーの仕事を止めて待機させておくことにも限界があります。ですから、あまり長い間、決定をせずにぐずぐずしていると、ベンダは見切りで作業を再開してしまい、後からベンダの合意していない費用請求をすることがあります。

「そんな、勝手に作業されたって知らないよ」「多分こうなるって言ったじゃないですか。ウチはそれを信じたんです。そもそも、決定が遅すぎるからこうなるんです」といった会話が会議室から漏れてくるような事態になってしまうのです。

本章でご紹介するのもまさに、そうした紛争の例です。裁判所は、こうした紛争について、どのような判断をするのでしょうか。まずは事件の概要からご覧ください。

仕様の変更・改善に伴う追加費用に関する裁判の例

（東京地方裁判所　平成15年5月8日判決より抜粋・要約）

あるITベンダが通信販売業者から販売管理システム等の開発を受託し、開発を開始したが、途中で開発範囲（要求機能）に相違があることが判明した。通信販売業者はITベンダに多項目の修正・改善要求を出したが、ITベンダは追加費用を請求する見積書を提出した。

これについて通信業者は、開発範囲の修正は要件の追加・変更ではないし、見積もりにも合意していないとして費用の支払いを拒んだが、その間、ITベンダは見切り発車の形で作業を継続しており、費用が掛っていたため、通信ベンダに追加費用を請求する訴訟を提起した。

ユーザとベンダが各々、相手の判断を甘く予測した結果の紛争というべきでしょうか。ベンダは追加費用について、要件変更だからユーザは払っ

てくれるだろうと考え、支払い拒否の正式決定まで作業を続けました。一方、ユーザは、追加要件はベンダの認識不足によるもので見積もりを出してきたとしても、断れば無償で作業をするだろうと考えていたようです（双方とも、ちょっと甘すぎでしょうか）。

認識のズレや検討・検証不足に起因する要件変更も通常の変更と同じ

これについての判決ですが、裁判所は、まずシステム開発における要求の追加・変更について、以下のように述べています。

（東京地方裁判所　平成15年5月8日判決より抜粋・要約）〈続き〉

　本件のようなシステム開発作業においては、作業を進める中で当初想定していない問題が明らかになったり、よりよいシステムを求めて仕様が変更されたりするのが普通であり、これらに対応するために追加の費用が発生することはいわば常識であって、追加費用が発生しないソフトウェア開発など希有であると言って過言ではない。

裁判所にしては、随分と思い切った物言いです。「システム開発では仕様変更なんて当たり前」と言っています。そして今回のように、要件定義中の認識のズレや検討・検証不足に基づく委託範囲のズレも、「よりよいシステムを求めての仕様の変更」であるとして追加要件と同様に考えています。

見積もりに合意しなくても、作業をさせてしまえば費用を支払う義務がある

この判決は以下のように続きます。

（東京地方裁判所　平成15年5月8日判決より抜粋・要約）〈続き〉

　前記の通り、本件のようなソフトウェア開発作業においては、当初の契約の際に想定されていない追加作業が発生するのがむしろ通常であるから、追加作業の発生が明らかになった時点で、注文者が請負人に対して、当該追加作業の費用を負担する意思がないこと又は一定の限度額を明示してそれ以上の費用を負担する意思がないことを明らかにしないまま、当該追加作業を行うことに承諾を与えた場合には、当事者間に追加費用の額についての明確な合意が成立していない場合であっても、注文者は当該追加作業についての相当の報酬を支払う義務を負うと解するのが相当である。

　今回のようなケースでも、変更は変更であり、たとえ見積もりについて合意していなくても作業を承諾してしまった場合（このケースの場合は黙認に近かったようですが）費用を支払う義務があると言っています。「これは要件の修正・改善であって、追加費用の対象ではないだろう」とするユーザの判断は、一人合点だったというわけです。

要件の修正・改善にあたり、ユーザがやるべきこと

　それでは、今回のようなケースにおいてユーザは、どうすればよいのでしょうか。委託範囲や要件に関する認識離齬は、あいまいな日本語をどのように定義するかということなので、ハッキリとした線引きはなかなか難

13

しいのですが、今回の判例や他の紛争事例を見ると、以下に示すいずれか
の方針を決めておくべきと言えます。

1) 原則としてはプロジェクトの中断

　要件や委託範囲の認識ズレや齟齬は、プロジェクトのコミットメント
（品質・コスト・納期）の変更を余儀なくされる事態ですから、原則とし
てはプロジェクトをいったん中断して、費用見積もりとプロジェクト計画
をやり直すべきです（もちろん、何でもかんでもというわけではありませ
ん。品質・コスト・納期のズレが、双方の許容範囲を超えた場合です）。

　プロジェクトの中断は、前述した通り、ベンダの要員計画やコストにも
影響を与えますし、ユーザ内部でもさまざまな調整が必要な事項ですが、
今回のケースのように無理にプロジェクトを遂行すると、多額の損失を出
す場合がありますので、腹を括るべきときには括るべきです。

2) 影響のないところだけ進める

　現実的にはプロジェクトの中断よりも、こちらの方針をとる場合が多い
かもしれません。認識のズレや齟齬がない部分だけについて作業を継続す
る仮の計画を立てて、プロジェクトを継続するやり方です。ただこの場
合、どの機能や作業が認識ズレ・齟齬の影響を受けないかという見極めが
難しく、「無関係な機能だと思っていたけど、実は問題の箇所とデータを
共有することになっていた」といったことが後でわかる場合があります。
そうしたことも含めて、後々、多少の手戻り工数（費用や時間）が発生す
ることは考えておくべきでしょう。

3) 費用は度外視して、とにかく進める

　プロジェクトによっては、納期が至上命題のものもあります。たとえば
予備校の学習支援システムなど3月にオープンできなければ、全てが無駄
という場合もあるでしょう。

　こうした場合は、ベンダが出してくる見積もりに備えて、あらかじめ費
用を積んでおく必要があります。もちろん、発生した費用をユーザ側だけ
が負担するものなのかと言えば、そうではありません。ただ、ベンダの負
担分について双方が合意するには時間もかかりますし、それまでプロジェ
クトを止めていたのでは納期は守れません。最悪の場合でもプロジェクト

の継続が可能なように、仮にでもユーザ側で費用を準備しておく必要があります。

　そして、ベンダが見積もりを出してきたら、そこから先は"寝技"の世界です。双方の経営層・上席者に話し合ってもらい「責任はお互い様だよね。金額の計算も難しいし、追加費用は折半で……」という会話で決着をつけてもらうのが現実的です。

　"大人の解決"とでも言うべきか、正義がどこにあるのかわからないような解決策ですが、全社的なメリット・デメリットからプロジェクト継続の可否を判断できる経営層・上席者は、現場の担当者ができない決断を行えますので、解決も早いのが現実です。

　私自身も SE 時代、トラブルプロジェクトが夜の銀座で解決した場面を幾度となく見てきました。正しさや公平さだけにこだわりすぎて、裁判所で何年も争うより余程マシでしょう。

第2章

ベンダが勝手に機能を追加した！
それでも費用を払うべき？

前章では、IT 開発ではいったん決めた機能を変更することも常識で、裁判所もこれについては"不可避"であるとの見解を示しているといったお話をしましたが、本章でお話しする機能の追加も、裁判所が"普通のこと"と言うように日常茶飯事です。

ITには機能追加がつきもの

そもそも IT の素人であるユーザの担当者と業務の素人であるベンダの技術者が、絵に描いただけの新業務を想定して、まだ見ぬシステムに持たせるべき機能を定義しようというのが機能要件定義ですから、これを最初から不足なく定義するのはドラえもんでもいない限り至難の業でしょう。開発の現場では、どうしても「やっぱり、この機能もほしいなあ」「えっ？こういう画面を作ってくれるんじゃなかったの？　困るよ」というエンドユーザの声を聞かざるを得ないのが現実です。

要件定義も終わって、さあ設計だ、プログラミングだと走り出したいベンダの技術者や、あとはベンダに任せられるかな、と密かに休日の計画を練り始めるユーザ企業のシステム担当者からすると、エンドユーザのこうした不満や要望は、"後出しじゃんけん"のようで納得いかないこともありますが、「その機能なしじゃあ、システム化の目的を果たさないよ」と言われれば、スケジュールや要員をやりくりし直して、もう一度要件を考え直さなければなりません。いつまで経っても苦労が絶えませんが、悲しいかな、それが IT というものです。

要件追加についての判例

本章では、そんな要件の追加に関わる判例をご紹介しようと思います。まずは事件の概要から見ていきましょう。この判決は『紛争に学ぶ、IT ユーザの心得【提案・開発・プロジェクト管理編】』の第 3 章「システムの要件定義とは」でもご紹介したのですが、ここでは要件の追加と、それに基づく費用の算定について述べている部分について取り上げます。

要件の追加に関する裁判の例

（東京地方裁判所　平成17年4月22日判決より抜粋・要約）

　あるシステム開発会社（以下、ベンダ）は書籍の管理・配送業者（以下、ユーザ）から書籍在庫管理システム（2325万円）の開発を受託し作業を開始したが、開発中にユーザの要望が増大し、当初182としていた機能数が414に増加した。

　この開発の契約には「作業着手後の機能追加、変更等により工数に大幅な変動が生じた場合は別途相談させていただきます」との特約があり、ベンダはこれに基づいて機能追加作業を行ったが、結局開発を完遂しないまま撤退した。

　ベンダは開発費として当初分と追加分の5568万円を請求したが、ユーザは追加開発には正式に合意していなかったこと、ベンダが途中で撤退したことを理由に支払いを拒み訴訟となった。

　少し補足をすると、この機能追加にあたってはユーザが機能追加の要望を出してはいますが、正式な追加開発合意は行われていません。ユーザの主張は、正式な発注を行っていないのに勝手に作業し、ましてシステムは完成もしていないのに費用など払えないというものです。一方、ベンダの主張は、契約の特約に"別途ご相談"とある以上、要望があれば開発は行うし費用もいただくというものです。

追加注文と評価される業務については合意があると見なされる

　さて、判決はどのようなものだったでしょうか。ポイントとなる部分を抜粋しました。

第2章　ベンダが勝手に機能を追加した！それでも費用を払うべき？

（東京地方裁判所　平成17年4月22日判決より抜粋・要約）〈続き〉

　（たとえ、正式な合意がなくとも、客観的に見て）**追加注文と評価される業務**については、当事者間に相当の報酬を支払う旨の**合意があるものと見るべき**であるから、ユーザはベンダに対して、追加注文部分について相当額の報酬請求権を取得するものというべきである。

　※（）内は、筆者の加筆

　裁判所は、まずベンダの主張する414の機能は確かに開発されたと認めた上で、正式な合意がなくとも、追加したと評価できる機能については、その請求が認められるとしました。その上で、正式な合意がなくても"追加注文と評価される"なら実質合意はあったとすべきと言っています。

　この判決は、ITベンダ出身者の私から見ても、相当ユーザに厳しいなというのが率直な感想です。正式な合意もなしに作業を進めたベンダが、しかも途中で開発を放り出しても費用を払えというわけです。この判決を盾にとると、ベンダはユーザが何か要望を言った途端、勝手に作業を始めて後から請求できてしまうようにも受け取れます。これは一体どういうことでしょうか。

正式合意がなくても追加注文と評価されたポイント

　この問題を考える上でポイントとなるのは、判決にある"追加注文と評価される業務"という言葉です。正式な合意がなくても「これはベンダが追加注文と受け取っても仕方ないよね」という事情がある場合には、実質的に注文があったと見なすべきという考え方が、この判決にはあります。ポイントの第一は当初機能と追加機能が明確に分かれていたことです。この判決文の要約には書いていませんが、ユーザは当初予定の機能についていったん検収しています。つまり、検収対象とは別物であることから、追加分が客観的に見ても容易に区別できたわけです。検収を区切ること自体悪い

20

ことではありませんが、今回の場合、その区切り方に問題があったようです。これについては次の項目でお話しします。

もう1つのポイントは、ユーザ側の担当者がベンダの作業を"止めずに見ていた"ということです。実際に指をくわえて見ていたのかはわかりません。もしかしたら担当者も一緒になって、積極的に作業を進めていたのかもしれません。いずれにせよ結果的には、担当者が自身の裁量を超える数千万円分の作業を有権限者の承認に基づく正式合意のないままにベンダにさせていたということになります。

たとえ権限のない担当者の行為であっても、外部から見れば会社として追加作業に合意したと見なされる、裁判所の判断からはそんな考え方が透けて見えます。自分の裁量の範囲を超える追加費用が積み上がっていることに気づかないままベンダに作業を継続させていたユーザ側の担当者、傍から見れば、なぜ？と言いたくもなりますが、実際の現場ではよくあることです。

教訓1） 検収は業務が成り立つ範囲で行うこと

では、この判決から得られる教訓としては、どのようなことが挙げられるでしょうか。まずはユーザ側が行った検収についてです。

ユーザは分割検収を行うにあたり、単にプロジェクトの時期や当初の契約内容だけをキーに検収を行うと痛い目にあうことがあります。実際のところ、この判例の開発のように当初契約の範囲を第一次検収の範囲とし、追加分は二次検収とするプロジェクトはめずらしくありません。検収にあたりユーザが考えるべきことは、まず対象物がそれ単独で使用に耐えるモノであるかどうかです。

たとえば、Webから物品を購入するようなシステムを開発する場合、品名や数量を入力し、支払いをして注文を確定する機能を要件として定義したものの、注文のキャンセル機能を忘れていて追加開発分にしたとします。この場合、検収の単位を当初予定分と追加開発分に分けたとすると、システムはリリースできません（キャンセルできないネット通販なんて怖くて使えませんね）。

もし、この判例の開発のように、このタイミングで開発がストップすると、ユーザに残されるのは使えないプログラムとベンダからの請求書ということになります。いったんスタートしたプロジェクトが中断すること、頓挫することというのは、ITの世界ではかなり高い確率で起こりますので、ユーザとしては規模は小さくなっても業務に耐えるシステムの納品を条件とした検収を行うように、当初予定の機能と追加機能をいったん合わせて整理し直し、契約や計画も変更する必要があります。これを面倒に思って、安直に当初分を一次検収、追加分を二次検収とすると、この裁判のようにプロジェクトが途中で頓挫したとき、ユーザは不利益を被ります。「注文機能とキャンセル機能は必ず同時にリリースしてもらうようにして、支払い機能の一部を追加とする」といったイメージでしょうか。

教訓2）検収は業務が成り立つ範囲で行うこと

さて、この判決から得られるもう1つの教訓は担当者の権限についてです。この判例の開発では権限のないユーザ側担当者がベンダの追加作業を黙認して進めさせています（もしかしたら、積極的にやらせていたのかもしれません）。その結果、ベンダの作業工数がどんどん積み上がり、結果的にはユーザ側担当者が自身で責任を持てないほどの金額を請求されたわけです。

担当者は、上司から「君に任せるよ」と言われたかもしれません。あるいは「あの上司に言っても仕方ないよね。自分達の判断で進もう」との考えがあったのかもしれません。いずれにしてもハチミツのように甘い判断です。自分の裁量範囲がどこまでであるかの線引きを誤っていたということでしょう。

もちろん、責められるのは、勝手に判断をした担当者だけではありません。システム開発のお金を握るスポンサーや、実際に担当者を管理するべきシステム部門の責任者は、システム担当者の権限と責任を（特に費用面について）明確にした上で、担当者がそれを超える判断を勝手にしないように監視すべきです。

「忙しくて」「システムのことはわからなくて」「彼に任せておけば……」。いろいろと事情はあると思いますが、IT の開発は経営に関わる大事です。プロジェクトスポンサーやシステム部門の責任者が担当者の作業を監視することは、開発を行う上で欠くべからざる活動であることを肝に銘じ、周囲の人にも納得してもらうべきでしょう。

第3章

正式契約なく着手し頓挫した
開発費用は精算されるか

皆さんはITベンダに仕事をお願いする際、きちんと契約を結んでから作業着手してもらっているでしょうか？　私はそういうことに特別うるさいITベンダで仕事をしておりましたので、契約書のない作業着手や協力会社への作業指示を行った経験は皆無と言ってよいほどですが、IT紛争に陥り裁判所にやってくるプロジェクトの中には、契約を結ばず、口答や簡単な注文書だけで作業を開始したものがかなりあります。契約書のない作業はその範囲や役割分担があいまいな上、何か不測の事態が発生したときの対応についてのさまざまな約束事もありませんから、当然にモメゴトを起こす確率は高まります。本章では、そんな紛争についてご紹介したいと思います。「いやいや、契約書くらい作るでしょ、普通」と思った方、いえいえ、そんなあなたにとっても他人事ではないかもしれません。この判例の当事者も契約はちゃんと行うつもりだったようですから。

契約前に作業着手したために起きた紛争

　まずは、事件の経緯からご紹介しましょう。

　東京地方裁判所において平成12年9月21日に判決が出たIT紛争で、ある独立行政法人向けにシステムの開発と運用を共同で行おうとした2つの会社の間に起こったものです。通常のユーザ＝発注者・ベンダ＝受注者という図式とは少し異なりますが、商流としては直接の受注者である外国語翻訳業者が、システム開発をITベンダに下請に出した格好となっていますので、元請会社と下請会社の関係が成り立ちます。元請をユーザ、下請をベンダに見立てて、読んでみてください。

事件の経緯

　ある翻訳業者が独立行政法人の公募事業「インターンシップ支援システム」の開発・運用事業への応募を検討し、ITベンダと提案及び開発について共同事業に関する協議を開始した。

　ベンダは翻訳業者と提案内容についての協議を行いながら、実際に提案するシステムの開発にも着手したが、この時点では正式な開発契

約は結ばれておらず、下請企業の開発着手を元請企業の担当者が口頭で合意したのみだった。

ところが、独立行政法人から正式な受注を受けた親請会社が下請企業と契約をしようとしたところ、金額が折り合わず、結局、共同事業は解消された。

まだ提案の段階からシステム開発を始めてしまうあたり、かなり強引というか、向こう見ずな感じがしますが、開発に着手したベンダも、それに合意した翻訳業者も、かなり受注確度が高いと踏んでのことだったでしょう。

しかし結果はご覧の通り、独立行政法人からの受注を得ることはできたものの、翻訳業者とITベンダ間は契約を結ぶことができませんでした。当然、問題になるのはベンダがそれまでに費やした費用です。翻訳業者は「開発着手はベンダが勝手にやったことだとし、共同事業解消にあたって費用を支払う義務はない」と主張します。一方ベンダは「（口答ではあるが）開発作業の合意は成立しており、合意解消の際にかかった費用の清算も約束していた」と言うのです。すると、翻訳業者は「システム開発に着手することまでは合意していない。ベンダの開発費用を清算するという約束もしていない」と再反論し、事件は法廷に持ち込まれることになりました。

結果は発注者の敗訴。1300万円を失うことに

どうでしょうか。正式な契約は結ばれていないことは確かで、作業はベンダが能動的に行いました。翻訳業者は、それを口頭で追認した格好です。追認とはいえ一応合意はあったようですが、ベンダの主張する「清算を約束していた」というのは微妙です。受注して共同開発を続けることが暗黙の前提であったと考えることもできますし、無条件であったと捉えることもできます。どうやら問題の原因は、このあたりにあるようです。

この訴訟における判決の要旨は以下の通りです。

27

第3章　正式契約なく着手し頓挫した開発費用は精算されるか

判決の要旨

　ベンダの請求を一部（約1365万円）認容する。翻訳業者はベンダが
システム開発作業に着手したことを認識した上で、口頭で開発費用も
含めた清算の合意をしたと認められる。なお、当該システム自体は今
後翻訳業者の負担のもと大幅な修正が必要であるため、請求された開
発費用等のうち認定は一部とする。

　やはり、口答でも発注は発注というわけです。契約書がなくても、いえ
契約書がなかったからこそ、発注者である翻訳業者は使えもしない作りか
けのシステムに大金を払うこととなりました。
　ここで少し注意すべきは、判決の要旨を見るとベンダの作ったシステム
は一部ではあるが使用できるものであり、今後、翻訳業者が自身の責任で
完成させればシステムは使えるように読めます。しかし実際には、このよ
うに作りかけのシステムを使用して追加開発を行っても結局最初から作っ
た方が安く済む、となる場合がほとんどです。別のベンダに追加で作業を
お願いしたところで、新しいベンダが新たに業務を理解し、作りかけのシ
ステムの中身を勉強する工数、それでも自分が開発していないために発生
する不具合等を考えると、当初予算を大幅に超えてしまう例がほとんどで
す。どう転んでも、こうした場合発注者は相当な金額をドブに捨てること
になります。

契約前の作業着手には条件をつけるべき

　「やっぱり契約書は大事ってことかな」「口答でも発注は発注だよね」と
お考えの皆さん、もちろん、そうです。そうなんですが、本書は別に民法
教室ではありません。もう少し、IT開発の現場について考えて発注者ある
いはユーザが損をしないための留意点について考えてみましょう。
　まず、第一の問題は、ITベンダが契約前に作業着手することについて、
翻訳業者が何の条件もなくOKした点です。
　ITプロジェクトには、始めてみないとわからないことがたくさんある
ものです。「このパッケージソフト使えると思ったのに、よく調べたら駄

28

目だった」「この処理を1時間で終わらせるなんて、いまさら言われたって…」といった問題が開発後に出てきてプロジェクトが混乱するのはよくある話です。日常茶飯事です。ベンダはそうしたことの調査も兼ねて、正式な工数や費用を確定させる前に一部作業を先行で行うことをよく提案してきます。

また「単純にスケジュールが苦しい中、形式的な承認や契約書作成を待ってはいられない」ということもあります（これについてはベンダだけでなく発注者側の担当者も同じ思いかもしれません）。

ですから、今回のケースのように契約書なしで作業着手してしまうことは（決してほめられた話ではありませんが）、現実として致し方のない面もあります。

ならばせめて作業中断等に備えて、その際の費用措置について合意はしておくべきでした。「作業が中断したら費用は払わないよ」とか「作業を完遂しないときには、完成した設計書とプログラムの分だけは費用を払うよ。でも、作業を引き継ぐ新ベンダへの支援は必ずやってもらうからね」といった条件を出して、ベンダからの合意をとっておくべきでした（随分とワガママにも見えますが、ベンダ出身の私が言うのですから大丈夫です）。

こうした取り決めを文書にして合意する。その程度のことはやっておかないと、特にユーザ側は大金を無駄にする羽目に陥りかねません。

何はなくとも記録と承認

もう一点の問題は、費用の清算について発注者が合意したとベンダが主張している点です。翻訳業者の主張を見る限り、少なくとも契約を結ばない相手に費用を払うというつもりはなかったようですが、ベンダの捉え方は異なっていたようです。正式契約があろうとなかろうと働いた分は払ってもらう、そういうつもりで作業着手に合意したんでしょ？というわけです。

こうしたことはどちらかが相手を騙してやろうと思って起きるわけではありません。単に、お互いの言葉（この場合は「清算する」というベンダの言葉）を双方が都合よく解釈した結果こうした面倒が起きてしまったのです。つまり誰もが落ちる危険のある落とし穴というわけです。

これに備えてやっておくべきことは、会話の記録とその承認です。議事録でもメールでもとにかく両者の間で取り交わされた会話は全て記録に残す。そして、記録の正しさと内容の妥当性を双方のしかるべき人間が確認した上で承認する。こういうプロセスが有効であり、必要です。

「承認」により、会話の内容は、個人ではなく組織として責任を持つべき事柄になります。また、会話の当事者以外が客観的に見ることにより、当事者の勝手な思い込みやあいまいな合意を検出することもできるわけです。「清算するって、無条件で清算しちゃうの？」という指摘を発注者側の誰かが行っていれば、今回のような紛争は避けられたことでしょう。（逆に、正式な記録を残さない会話は、なかったものと考えるという合意も有効かもしれませんね。）

どんな状況であれ、ベンダが作業着手をするというなら、それが中断あるいは中止することを想定して条件交渉をしておく。契約前の会話はとにかく記録し承認を得ておく。そんな当たり前のことが実はなかなかできていない。今回はそんなお話でした。

こういうことは、やったからといって直接メリットを感じることも少なく、面倒なだけに感じるかもしれませんが、いざというときのため、ぜひ、やってみてください。

もちろん、正式な契約を待たずに作業をさせないことができるなら、それがベストであることには変わりありませんが。

第4章

契約せずに範囲外の機能追加。
ユーザは費用を負担すべき？

第4章　契約せずに範囲外の機能追加。ユーザは費用を負担すべき？

　本書は「EnterpriseZine」（http://enterprisezine.jp/）に連載した記事をまとめたものですが、お陰様で、この連載は多くの方に読んでいただけているようで、私のところにも多くのご意見、ご感想をいただきました。お付き合いのあるITユーザの方やベンダの技術者、裁判所の民事調停委員の方々からも、この連載で書いたIT紛争やその結末についてさまざまなお話をいただくのですが、それらの中には、「勉強になった」「納得した」というものもあれば、「ユーザに厳しすぎる」「なぜ、こんな判断になるのか？」と疑問を投げかけるものもあります。中には、非常に鋭い洞察で記事の内容について別の角度から解説をしてくださる方もあり、私としても大変勉強になるところです。どのようなご意見でも、自分の書いたものを誰かが読んでいただいており、何らかの感想を持っていただけることは、筆者にとって何より嬉しいことで、モチベーションも大いに上がるところです。

多くの関心を呼んだ"システムの機能追加に関する問題"

　さて、このようにさまざまなご意見、ご感想をいただく中でも、第2章「ベンダが勝手に機能を追加した！　それでも費用を払うべき？」については、裁判所の判断が、やや意外なものであったこともあり、多くの方からご意見をいただきました。「システムの機能追加については、たとえ正式な合意がないままベンダが作業をしても、場合によってユーザが費用を払わなければならない」とする裁判所の判断には「じゃあ、契約書とは何なのか」「ベンダのやり得か？」という嘆きともとれる言葉を何人かのユーザサイドの方から聞きました。機能追加の合意条件とは何なのか、作業範囲や仕様の定義があいまいになりやすいコンピュータシステムの開発では難しい問題ですよね。

32

当初の契約範囲を超える機能追加と変更はITの宿命

　そこで本章では、この機能追加及び変更と、その判断基準になる契約範囲について、もう少し考えてみたいと思います。第2章と似たような事件ですが、コンピュータシステムの機能追加に関する裁判所の基本的な考え方が垣間見える判決かと思います。まずは、事件の概要からご覧ください。

契約範囲を超える機能追加に関する裁判の例

（東京地方裁判所　平成15年5月8日判決より抜粋・要約）

　あるベンダが通信販売業者（以下、ユーザ）から販売管理システムの開発を請負ったが、開発したシステムに対してはユーザから多数の修正要求（主として機能追加）があった。ベンダはユーザの要求を受けてこの作業を行ったが、修正作業の多くを契約範囲外と認識し、ユーザに対して追加費用（3150万円）を請求する見積書が提出した。

　しかし、ユーザは修正要求がもともとシステム化の対象範囲であるとし、費用の支払いを拒んだことから、ベンダが支払いを求めて訴訟となった。

　「いつもながらに…」と言ってしまっては不謹慎かもしれませんが、この手の事件は、今やIT訴訟の定番と言ってもよいほどよく見聞きする「機能追加ですね。費用ください」「いやいやもともとの契約範囲でしょ？」という争いです。コンピュータシステムの契約範囲（システム化対象範囲）や仕様（この場合は機能）は、その完成した姿をイメージしづらいことから、最初から正しく定義することは困難、というか事実上ほとんど無理です。なので、開発している最中にこれらが変わってしまい、その費用や責任を巡ってユーザとベンダが争うのは、ある意味ITの宿命とも言えます。

ベンダの契約範囲外作業を監視するのは ユーザの義務

　これについて裁判所はまず、ベンダが行った作業が、その内容からしてやはり当初の契約範囲を超えるものであることを認めました。おそらく、当初の提案書や仕様書と実際に行われた作業をよく吟味しての判断だったのでしょう。ユーザにとっては少し嫌な「前振り」だったかもしれません。その上で裁判所は、「ベンダが勝手にやった追加作業なんて知らない」と主張するユーザに対して厳しいというか、面倒臭いことを言っています。

（東京地方裁判所　平成15年5月8日判決より抜粋・要約）〈続き〉

　本件のようなシステム開発作業においては、作業を進める中で当初想定していない問題が明らかになったり、よりよいシステムを求めて仕様が変更されたりするのが普通であり、これらに対応するために追加の費用が発生することはいわば常識であって（後略）

　「システム開発では仕様変更と追加費用は当たり前。追加された機能はユーザにとって必要なもののようだし費用は払うのが常識だよ」と言っています。そして、これを前提に以下のように続けています。

（東京地方裁判所　平成15年5月8日判決より抜粋・要約）〈続き〉

　追加作業の発生が明らかになった時点で、注文者が請負人に対して、当該追加作業の費用を負担する意思がないこと又は一定の限度額を明示してそれ以上の費用を負担する意思がないことを明らかにしないまま、当該追加作業を行うことに承諾を与えた場合には、当事者間に追加費用の額についての明確な合意が成立していない場合であって

も、注文者は当該追加作業についての相当の報酬を支払う義務を負うと解するのが相当である。

　ユーザは、ベンダが追加作業をベンダが行っていることを知ったら、「お金払わないけどいいの？」「ここまでの範囲でやってくれる？」とベンダに言わなければならないと言っています。
　もう少し細かく言うと、ユーザには、システム開発において日常茶飯事である仕様追加や変更作業をベンダが行うのを監視して、その実施を認めるか、費用を払うかの意思表示を明確に行う義務があるということを言っており、「最初の契約にないことを正式合意なしにやったって、ウチは知らないよ」という理屈は通らないということです。
　ベンダの作業が契約を超えるものであるかと逐次監視しろなんて随分と面倒な義務ですが、たとえば、ベンダに作業報告（日次や週次）を出してもらい、その内容の妥当性をよく吟味することが、こうした義務を果たすことになるのでしょう。このあたりの考え方はシステム開発独特のものかもしれませんね。
　「じゃあ、そもそもベンダ主導で行った開発範囲の定義自体がおかしかったんじゃない？　その辺、ベンダには責任ないの？」との意見もあるでしょう。この裁判でもユーザ側からそういった主張があったようですが、裁判所はこれについても以下のようにユーザに責任を求めています。

（東京地方裁判所　平成15年5月8日判決より抜粋・要約）〈続き〉

　どのような内容のソフトウェアの開発を望むかという問題はひとえに注文者側の意向により決せられる問題であって、これを請負人側の技術担当者に提示し、説明する責任は、もっぱら注文者側の技術担当者にあるし、これに対応して請負人側が提出してきた提案（仕様）内容が自己の要求を充足しているか否かを検討し、確認する責任も、そもそも注文者側にはそのような能力がないことが前提となっているというような特殊な事情がない限りは、もっぱら注文者側の担当技術者にあるというべきである。

第4章 契約せずに範囲外の機能追加。ユーザは費用を負担すべき？

　そもそも、開発範囲を含めてどのようなシステムを望むのかを定義してベンダに説明するのはユーザの責任だし、ベンダが提案してきた場合でも、その充足性を検討し確認するのはユーザの義務というわけです。

　コンピュータシステムのユーザは単なる「お客様」ではありません。システム開発の目的と現状を説明し、プロジェクト開始時点でシステム開発範囲と要件を定義すれば、あとは受入検査待ちというわけにはいかないのです。

　「お金を払っているのに、何でこんな苦労をするのか」という声もありそうですが、最終的に役に立つシステムを入れたければ、ベンダの作業を常時監視して、開発の範囲や仕様の変更に関わることを抽出し、費用を払いたくなければ明確にこれを断り、必要な作業なら社内を調整して承認を得る。開発プロジェクトの実施中、ずっとこうしたことをやり続けるユーザこそが、望むものを手に入れられるのかもしれません。

　いずれにせよ、お金を払う側にも相当の労力と工夫が求められるのがシステム開発というもののようです。

第 5 章

追加見積もりに合意していない
作業に支払いの義務はあるか？

本章では、システムの要件追加・変更に関わる問題として、まだ金額について合意していない機能追加作業をベンダが進めてしまったケースについてお話ししたいと思います。なお、『紛争に学ぶ、ITユーザの心得【提案・開発・プロジェクト管理編】』の第10章では、それとは逆に、開発中にユーザが要件を追加し、その開発工数があまりに膨大だったために、ベンダが作業を止めて引き上げてしまった事件を紹介しています。

IT開発というのは面倒なもので、いったん、要件を凍結した後でも五月雨式にその追加・変更が発生します。五月雨式に次々と湧いてくるわけですから、一つ一つ、契約の見直しや金額の合意をしていたのでは仕事になりません。ですからユーザもベンダも、やることが決まっている作業であれば、正式な見積もりや契約変更は後回しにしてとにかく作業を先行させようということになります。

こういう場合、ユーザとベンダが作業内容や工数について正しい理解を共有しているのであれば問題は起きません。しかし、双方の理解に齟齬があれば、両者は対立することになります。

「この機能、入れるって話だよね？」
「いえ、それはまだ決まっていません」
「こちらが、今回の追加作業についてのお見積もりになります」
「ええ？　金払うの？」

ITの世界では、こんな会話もめずらしくありません。このように、追加要件と費用について合意のないまま作業を行った場合、その責任はどちらにあるのでしょうか。そんな事件のご紹介です。

まずは、判例からご覧ください。

合意していない作業をベンダが行ったことについて争われた事例

（東京地方裁判所　平成15年5月8日判決より抜粋・要約）

　あるソフトウェア開発業者（以下、ベンダ）が通信販売業者（以下、ユーザ）から販売管理システム等の開発を一括請負6500万円で受託し開発を開始した。開発はシステムをいくつかに分けて、順次、開発し納品する形で進められたが、開発中にユーザから多項目にわたる修正・改善要求が出された。

　ベンダは、ユーザとの会話の内容から、これらの要求については、対応せざるを得ないと考え、追加費用等の合意を得ないまま、作業を行い完遂した。ベンダは、作業後に、追加費用3150万円を請求する見積書を提出したが、ユーザは、金額に合意していないことを理由にこれを支払わず、ベンダは支払いを求めて訴えを起こした。

ポイントはユーザ側の認識

　要件の追加・変更要望をユーザが出したとき、ベンダは、とりあえず自分の思い通りの見積もりを出し、勝手に作業をしても、費用の支払いを受けることができるのでしょうか？　もちろん、そんなことはありません。裁判所の判決には以下のような部分があります。

（東京地方裁判所　平成15年5月8日判決より抜粋・要約）〈続き〉

　本件では、（中略）少なくとも、本件開発契約におけるユーザの現場担当者は、（中略）このまま（中略）本件システムの開発作業を進めれば、当初の見積書に記載された以上の費用を要することを認識していたことが明らかであるにも関わらず、（中略）本件開発契約の続

> 行自体については一切疑問や懸念を述べることなく作業を継続している。

　ご覧の通り、この事件の場合、ユーザの担当者がベンダが作業をしていることを知っていたのです。にも関わらず作業を止めることなく看過していたことが、結局ユーザに支払い義務を発生させる要因となりました。

　「知っていたんなら仕方ないのでは？」と思われる方もいらっしゃるかもしれません。「ちゃんと止めれば、よかったんじゃない？」と考える方もいらっしゃるでしょう。しかし、いったん開発の現場に身を置くと、こうしたことが他人事ではないことがわかります。カットオーバーの日付の迫る中、ギリギリのスケジュールで作業を行っている最中に新たな要件が見つかった。ユーザもベンダもなんとかしなければと思い、費用の話はともかく、作業を進めないとプロジェクトが破綻する。そんな状況にあることを想像すれば、この事件においてユーザ担当者がベンダの作業を止めるどころか、むしろ、ありがたくさえ思ってしまう心理も理解できるのではないでしょうか。

　裁判所の言う通り、ITの開発において正式な手続きが作業に追いつかないことは日常茶飯事です。ですから、私も本稿において「追加作業は、正式合意を待ってから」などと杓子定規なことを申し上げるつもりはありません。

　私が思うに、この事件の問題は、こうしたことを裁判にせざるを得なかった両者の関係です。既に作業してしまった追加費用について合意できない場合、それをどのように決着させるかは、おそらく、双方の経営層等や、かなりの権限を持つ人達が「大人の話し合い」をすることでしか解決しないでしょう。逆に言えば、ITプロジェクトを発足させるにあたってはある程度、決裁権限を持つ人に顔つなぎをしておいてもらい、何か困ったときにはその人達にエスカレーションして解決してもらう、そんな泥臭い準備がどうしても必要ということではないでしょうか。

第6章

提案書は正式な契約の
代わりになるか？

第6章　提案書は正式な契約の代わりになるか？

　裁判所にやってくるIT紛争の中には、正式な契約や発注のないままベンダが作業を開始してしまったものがかなり多くあります。事情はさまざまでしょうが、ユーザ側のシステム責任者が口頭で「よろしく」と言ったことをベンダが「発注」と捉え作業を始めてしまったり、もっとひどいことにはベンダが勝手に作業を始めるのをユーザが黙認していただけ、などというケースもあります。それでもユーザの想定していた納期やコストが守られ、望んでいたシステムがリリースされれば、結果オーライなのですが、スケジュールもお金も、そして新システムに持たせる機能についても、きちんと確定しないままに作り始めたシステムというのは、大概どこかで「約束が違う」とどちらかが言い出して、プロジェクトが暗礁に乗り上げることが多いようです。本章では、そんな正式契約あるいは発注なしにベンダが作業してしまったために起きた紛争の例を紹介します。

追加開発の失敗で元の開発プロジェクトまで中断させてしまった事件

（名古屋地方裁判所　平成16年1月28日判決より抜粋・要約）

　ある地方自治体（以下、ユーザ）が、ソフトウェア開発業者（以下、ベンダ）に財務会計システム等の導入を委託した。ベンダは自社の持つパッケージソフトを元に、これを開発して機能別に順次導入していき、この時点では、プロジェクトは順調に進んでいた。

　開発プロジェクトが進む中、ユーザの税務課では、同じパッケージソフトを利用した税務システム（サブシステム）を追加開発の導入を企画し、ベンダに見積もりを要望したが、ベンダ側からの見積金額がユーザの想定を大きく上回っていたことから、これを認めることができず、税務システムについては断念することとなった。それと同時に、それまで続けていた財務会計システムの開発も中断することとなった。

> ユーザは、プロジェクトが中断したことについて、ベンダの債務不
> 履行にあたるとして、それまでにユーザ側にかかった費用等を損害と
> し、その賠償を求めベンダを訴えた。

　いくつかの疑問が浮かびます。まず、いくら税務システムの商談がうま
くいかなかったからといって、なぜ先行していた財務システムまで中断し
たのかということです。ここでは書ききれませんでしたが、どうやらこの
財務会計と税務システムは不可分のもので、少なくともユーザは税務なし
での財務会計ではもともとのシステム化の目的を果たさないと考えていた
ようです。

　（これは想像ですが、税務システムの商談においてユーザとベンダの関
係がかなりこじれてしまったのかもしれません。通常、こうした事例で
は、ベンダがそれまで行った作業に対する費用を請求するのが先なのです
が、この事件では先にユーザがベンダに損害賠償を求めています。つまり
ベンダ側は、これまでの作業を無駄にしてでもユーザとの関係を断ち切っ
てしまいたいと考えたのかもしれません。憶測が入ってしまいましたが、
この部分は今回の主旨とは直接関係しない部分ですのでご容赦くだ
さい。）

提案書の承諾は、事実上の発注か？

　もう1つの疑問は、なぜ既に着手し進行している財務会計システムにつ
いて、契約はもちろん、発注書の一枚もなかったのかということです。判
決文を見るとどうやらユーザは、財務会計システムについても税務システ
ムについても、事実上の発注はできていると考えていたようです。このあ
たりについてユーザは「自分達は、ベンダの提示した見積もりを含む提案
書を採用することをベンダに通知しているのだから、事実上、契約は成立
している」と主張しています。「この作業をするから、費用はこれだけく
ださい」「わかりました。お願いします」。こうしたやりとりが事実上の契
約であり、この時点でベンダには開発を最後までやりきる責任、法律的に
言えば債務が発生したとユーザは述べています。確かに、民法の定めによ
るとたとえ口頭であったとしても契約は成立するとされてはいます。

第6章　提案書は正式な契約の代わりになるか？

　一方、ベンダは IT 開発において提案書の提示とその承諾だけでは契約にならず、債務不履行も損害賠償をあたらないとしています。さて裁判所の判断は、どのようなものだったでしょうか。まずは一般論の部分です。

（名古屋地方裁判所　平成 16 年 1 月 28 日判決より抜粋・要約）

　業務用コンピュータソフトの作成やカスタマイズを目的とする請負契約は、ベンダとユーザ間の仕様確認等の交渉を経て、業者から仕様書及び見積書などが提示され、これをユーザが承認して発注することにより相互の債権債務の内容が確定したところで成立するに至るのが通常であると考えられる。（以下略）

　ご覧の通り、裁判所は単なる提案書・見積書の提示とそれに対する承諾だけではユーザとベンダの債務（お金を払う義務、仕事をする義務）は成立しないと言っています。これらが成立するためには、

1. ユーザとベンダの十分な仕様確認に基づく合意
2. ベンダからの見積もりへのユーザの承諾
3. 発注

が必要だと言っています。その上で、裁判所は今回のケースに関して、以下のように判断しています。

（名古屋地方裁判所　平成 16 年 1 月 28 日判決より抜粋・要約）

- ベンダの提出した提案書は、必ずしもユーザの業務内容を十分検討したものとは言えず、具体的でない。
- 採用通知を出しているとしても、それは、交渉の相手方を今回のベンダに絞り込んだという意味を有するにとどまるから、承諾の意思表示があったとも言えない。

44

第6章 提案書は正式な契約の代わりになるか？

- 本件では、カスタマイズの有無など、仕様確認を経てからカスタマイズの範囲や費用の合意がとれた段階で契約が成立することが予定されていた。

提案書は出発点に過ぎない

つまり、裁判所はベンダに損害賠償の責任はないと判断しました。少なくともIT開発の場合、提案書とその承諾は単なる今後の契約交渉の出発点に過ぎないというわけです。ITの場合、正式な契約書（個別契約）のない中での作業はユーザにとっても危険だということでしょう。こうしたこともあって、大手のユーザやベンダの中には、正式な契約前の作業を組織として禁止しているところもあります。それでも実際は、契約も発注もない中でベンダが作業を開始する例が多く、裁判所にもそうしたプロジェクトのトラブルが数多く上がってきます。契約や発注がなくても実質的には作業が行われ、ユーザは発注者として、ベンダは受注者として、各々に責任が発生しているように振る舞います。しかし、正式な契約が成立するまで、この両者はお金を払う義務も作業を行う義務もない状態なのです（もちろん例外はあるかもしれませんが、原則的にはそう考えておくべきです）。

提案書を承諾したらやっておくべきこと

ただ、実際の開発に照らすと、この原則は少々窮屈ではあります。ITの開発はほとんどの場合、スケジュールに余裕がなく、1日も早く作業を始めたいとユーザもベンダも考えています。正式な契約となると、詳細な要件の詰めや、成果物に関する権利などかなり時間がかかるものもあり、それらを全て待っていたのでは時間ばかりが過ぎてしまいます。また、今回の税務システムのように開発途中で提案時に必ずしも明確になっていなかったことが後になって出てくることもめずらしくありません。

45

第6章 提案書は正式な契約の代わりになるか？

　こうしたことに対応するためには、ユーザ側にいくつかの準備が必要になります。対策はいろいろありますが、ここでは2点だけ、実績のある方法をご紹介しておきます。

1）とにかく契約はする

　原則として契約前の作業は避けるべきです。金額や作業内容、条件等について、まだ交渉することが残っていたとしても、とりあえず、その決定時期と方針を定め契約変更を前提として契約書を取り交わすか、金額等を書かずにプロジェクトの全体を基本契約として定め、今、確実に見えている部分についてだけ個別契約を結ぶ、いわゆる多段階計画でも構いません。実際の例を見ると、この方法の方がよく行われているようです。この事件で言えば、財務会計システムについては先に個別契約として結び、税務システムについては次の個別契約ということにしておけばよかったのかもしれません。あるいは、要件定義の部分だけを先に個別契約し、その結果によって後続の作業の契約書を作ることもよく行われます。

2）不明確な点を明らかにして共有する

　個別契約であれ一本の契約であれ、提案承諾当初にはその開発について見えないところが多数あるのが普通です。もしかしたらユーザのどこかの部署から、新たに断りきれない要望が出てくるかもしれませんし、想定していた実現方式が技術的な問題で難しいことが後からわかったということもあります。また、ユーザ側のメンバーが何らかの事情でプロジェクトに関与できなくなり、開発が遅れるというのもよく聞く話です。

　おそらく、ユーザからの提案書や見積もり、スケジュールにこうした危険を細かく書いたものは少数派でしょう。ユーザとベンダは協力して提案よりもコストやスケジュールが膨らんでしまう危険のある箇所、もしかしたら実現できないかもしれない要件等について明確にしておき、そのインパクト（コストや時間、業務への影響）を明らかにしておきます。

　そして、ここからがユーザ側システム担当者の苦労のしどころなのですが、これらのリスクについてプロジェクトのスポンサーやエンドユーザらに承知しておいてもらうことが必要です。「もしかしたら、金額が倍になるかもしれません」「最悪、リリースが3ヵ月延びるかもしれません」「この機能は無理かもしれません」「それでも我が社としてはシステム導入の

第6章　提案書は正式な契約の代わりになるか？

メリットは見込めるので最悪のケースに備えて、お金と時間それに代替の
業務プロセスの検討をお願いします」。

　私も経験がありますが、このユーザ側システム担当者の交渉は、かなり
厳しいものがあります。しかし、実際にそうなる可能性がある以上、早い
段階で関係者と共有しておかないと後になればなるほど、もっと苦しいこ
とになります。

　いずれにせよ大切なことは、提案書だけではまだ、生煮えな部分がたく
さんあるはずだと認識することです。ユーザもベンダも、提案書やその時
点の見積書は単なる方針と金額、コストの目安に過ぎないという前提とし
て考えておくことが大切です。

47

第7章

基本契約だけで作業をしたベンダに
費用を支払うべきか？

本章でも IT 開発の契約に関するお話をしたいと思います。前章では正式な契約書がなくベンダの提出した提案書の内容をユーザが承諾した場合、これを契約と見なせるかというお話をしました。ここではもう一歩進んで、基本契約はしたけれども、個別契約を結ばないままベンダが作業を始め、運悪くプロジェクトが失敗してしまった例です。

IT 開発に限らず、契約を基本契約と個別契約に分けて行うことはよくあります。基本契約では契約の目的とおおまかな成果物等の基本的な事項や個別契約の締結方法、それに情報セキュリティや著作権の扱いなど共通的なことを書き、製品やサービスの詳細や金額、スケジュールなどは個別契約に記すというやり方です。

特に IT の場合、作業開始時点では作成するソフトウェアの要件が不明確な場合が多いため、まずは基本契約だけで作業に着手し、要件がある程度ハッキリした時点で正式な金額と納期を書き込んだ個別契約書を作成することがよく行われます（個別契約書の代わりに、注文書と請け書のやりとりで行われる場合もあります）。

ただ、いくら「基本」とはいえ契約を結ぶからには、ユーザはおおまかなシステムのイメージをもとに大体の金額やスケジュールを感覚的に持っていて内部的なコンセンサスも得ているのが普通です。ところが、いざ要件が見えてきて、ベンダから見積もりをとると「費用は想定の倍、納期は半年遅れ」といったこともよくあることで、結局、ベンダとの折り合いがつかずにプロジェクトが中断してしまうこともしばしばあります。本章は、そんな事例のお話です。

個別契約を結べないままプロジェクトが頓挫した事件の例

（東京地方裁判所　平成 19 年 1 月 31 日判決より抜粋・要約）

あるユーザがベンダにクレジットカードシステムの開発を委託した。両者は、開発開始にあたり基本契約を締結して要件定義作業に着手した。開発費用については要件定義作業を進めながら見積もること

とし、別途、注文書と注文請け書のやりとりで合意することとしていた。

ベンダは要件定義作業を進めながら、当初、開発費用を約8,200万円とする見積書を提示したがユーザ企業は高すぎると同意しなかった。その後、両者は13回の交渉を重ね、見積書も8回提示したものの、追加要件もあったことから、金額は、むしろ増加し8回目の見積額は約1億円となった。

このため、ユーザはベンダに対して開発の中止を申し入れプロジェクトは中止となったが、ベンダは、"プロジェクトの中断はユーザ企業の一方的な申し入れによるものであり、損害を蒙った"と賠償を求め裁判となった。

また、ベンダは、もし損害賠償が認められなかったとしても、ここまでの作業は、実質的に準委任契約に基づき実施されているので、最低でも、作業を行った分については費用を請求すると、併せて訴えた。

　この事件のポイントは、大きく分けて2つあります。1つ目は、この開発について請負契約が成立していたかという点です。請負契約の場合、ユーザ側から一方的に契約破棄してしまうと、ベンダ側が損害賠償請求を行うことがあります。自分達には何の落ち度もないのに、急に破棄されて多大な損害を被ったというわけです。

　損害とは、単にベンダがここまでに働いた分だけではありません。ベンダがこの仕事をするために機器やインフラを準備したとすれば、その費用も請求しますし、二次外注の代金も含まれる可能性があります。また、もしこの仕事をするために他の仕事を断っていたとしたら、その遺失利益も請求される可能性があります。

　判決文を見る限り、このITベンダには特に過失のようなものは見当たりません（見積金額が変わったとしても過失ではありません）。もしも請負開発契約が成立しているとなると、ユーザにとってはかなりまずい状況になってしまいます。

　もう1つのポイントとしては、請負を認められなかったとしても、ベンダの行った要件定義作業が準委任契約に基づく作業として認められるかという点です。準委任契約の場合、ベンダはシステムの完成とは関係なく、

そこまでに行った作業の費用だけは請求できることになります。この件で言えば、要件定義と概要設計の一部にかかった費用は請求できるということになります。

　少なくとも商談中、ユーザとベンダは準委任契約を前提に交渉してきた節は見当たりませんし、基本契約書からもそうした記述は見当たりません。しかし、ITベンダは「最低限、働いた分だけは払ってもらう」と、この話を裁判になってから持ち出してきました。

　当然、ユーザ側にしてみれば、請負であれ準委任であれ、何ひとつ得るものなく終わってしまったプロジェクトにお金なんか出したくはありません。

　さて、裁判所はどのように判断したのでしょうか。

請負契約は成立していたか？

　まずは請負契約成立についてです。以下の判決をご覧ください。

（東京地方裁判所　平成19年1月31日判決より抜粋・要約）〈続き〉

　（本件基本契約では、個別契約は注文書と注文請け書のやりとりによって成立すると定められているが）ユーザとベンダの間では、これに類する書面は交付されておらず、（中略）ユーザからは（ベンダが提示した）見積額で契約金額を確定させる旨の回答もなかった。（中略）

　本件請負契約が成立したものとは到底認めることができない。

　ベンダがユーザから本格作業に入ってもらいたいと言われ、要件定義作業や概要設計作業に入ったからといって、これにより本件基本契約に基づく個別契約としての本件請負契約が成立したことが裏付けられるものということはできない。

ユーザ企業の立場からすると、まずは一安心というところでしょうか。確かに金額も合意していない状態で請負契約が成立しているなどと言われたのでは、IT ベンダにどれだけ高い見積もりを出されても、断りづらくなってしまいます。

ポイントは、基本契約書に個別契約の成立について明記していた点

ただし、いつもこういう判決が出るとは限りません。この場合のポイントは 1 行目です。この件では、基本契約に個別契約は注文書と注文請け書のやりとりによって成立すると明記されています。この判決ではこれが効きました。

ご存じの方も多いかと思いますが、民法では特に書面を交わさない口約束でも契約の成立は認められます。もし、基本契約書に個別契約の締結方法を書かずにユーザからベンダに「よろしくお願いします」と言ってしまったら、その途端に請負契約が成立することもあります。

今回のような場合であれば、口約束だけで損害賠償を請求される危険もあるわけです。また、ベンダの立場から見ても個別契約が文書化されていない中での作業は、成果物の定義がなく要件の追加や変更を際限なく受ける危険もあります。

この件では、基本契約の文言で、多少、事件の整理はしやすくなりましたが、やはり双方にとって個別契約や注文書のない中での作業着手は危険ということです。

準委任契約は成立していたか？

それでは準委任契約の方はどうでしょうか。損害賠償ほどではないにしても、ユーザ企業にとっては何も得ることもなく多額の費用を払うことは痛手です。しかし、ベンダにしてみれば、やはり汗を流した分くらいはほしいというのが正直なところでしょう。以下が判決の要旨です。

53

第7章　基本契約だけで作業をしたベンダに費用を支払うべきか？

> **（東京地方裁判所　平成19年1月31日判決より抜粋・要約）〈続き〉**
>
> 　ITベンダの実作業担当者は、ユーザ企業側の発言を受け、3ヵ月以上にわたって、ユーザ企業と要件定義作業や概要設計作業に関しての打ち合わせを重ねて、これら実作業を行っていったものであって、クレジットシステム開発の要件定義書及び概要設計書の作成のための作業を行うことを内容とする本件準委任契約が口頭により成立したものと認めるのが相当である。

　「おや？」と思われた読者の方もいらっしゃるでしょう。前半では、文書のやりとりがないことを理由に否定した契約の成立を後半では認めています。

実態を鑑みた裁判所の判断

　朝令暮改のようにも見えてしまうのですが、実は裁判所は、このように実態を重んじた判断もするところなのです。「契約書は契約書だけど、ベンダがユーザに言われて作業をしたのは確かなんだから、その分くらいは払ってあげなさいよ」——そんな意図がこの判決から読み取れます。

　実際の現場でのやりとりを想像してみてください。ユーザは、通常"お客様"です。そのお客様から「そろそろ作業に取りかかってよ。正式契約なんて待ってたらカットオーバが間に合わないでしょ？」と言われれば、お金をもらう身であるベンダとしては作業に取りかからざるを得ません。

　しかもベンダは、仕事があるとなればメンバーをブロックして待っているわけですから、開始が遅れるとその分損失が膨らんでしまいます。口約束でも何でも、GOが出れば作業に取りかかってしまうのは、ある意味、仕方のないことではあります。裁判所がこうした実態も鑑みて判断したことは、容易に想像できます。

　裁判所は、六法全書と契約書面だけを片手に杓子定規な判断だけをするのではなく、このような現実的な判断を下す考えも持っているのです。

　いずれにせよ、ユーザ企業の側からすればITベンダに作業を進めてほしいと言ってしまったことが仇となり、ITベンダにお金を払うことになっ

てしまいました。とにかく、口頭でも作業開始を命じたら、必ずお金は発生すると考えるべきでしょう。

しかし一方で、ITベンダにとっても、こんな仕事の仕方とお金の取り方は本意ではありません。全体が決まっていない中で作業を行うなら、やはり要件定義だけの注文書だけは金額とスケジュールを入れた状態でもらっておくべきでした。

第8章

正式契約を渋り続けたユーザと
我慢できなかったベンダ

第8章　正式契約を渋り続けたユーザと我慢できなかったベンダ

　ITのプロジェクトの現場では、なぜかいつも「時間がない」「もう間に合わない」という言葉が飛び交っています。別に誰かがサボっているわけでもないのに、なぜか常に逼迫しているのです。そんな状況ですから、ベンダもユーザもやると決まったプロジェクトには1日でも早く着手したいのが本音なのですが、せっかくユーザとベンダが開発内容について合意しても、今度は開発の契約に時間がかかってしまい、双方のシステムの担当者が焦ってしまうということも日常茶飯事です。しかし、だからと言って「実質的には、双方が合意しており、契約は形式上のことだから……」と契約前に作業を開始させてしまうのは、やはり危険です。一体、どんな危険があるのか？　この章では、そのあたりについて、判例をもとに説明したいと思います。

　ITの導入は、このRFP（場合によっては、RFI（情報提供依頼））から始まって、ベンダからの提案→交渉→契約→プロジェクト開始と進むのが正論ではありますが、私の経験上、このように正しい段階を踏まないプロジェクトもかなりあり、特に、正式な契約を結ばないままにプロジェクトがスタートするケースは多々あります。

　交渉の結果、プロジェクトの範囲や成果物、スケジュール、それに金額についてほぼ合意できたのでプロジェクトをスタートさせたが、契約には著作権等の諸権利や厳密な金額等、まだ未決事項が多く契約はできない。しかし、このままでは本稼動が遅れてしまうからと、契約を待たずに作業着手してしまうといったことは、以前より減った感があるものの今でもときどき聞きます。

　それでもプロジェクトの実施中に、当初の合意事項通りに契約ができてしまえば、一応、プロジェクトは完遂できますが、ときにはスタートしたプロジェクトが契約交渉不調のために途中で頓挫してしまい、そこまでの費用の支払い等を巡ってユーザとベンダが争うケースも少なくありません。本章では、そんな事件を取り上げてみたいと思います。以下の判例をご覧ください。

契約前に作業着手して失敗したIT導入プロジェクトの例

（東京地裁　平成24年4月16日判決より）

　ある健康関連事業を行う財団法人（以下、ユーザ）がITベンダに健康診断関連システムの開発を依頼した。ユーザはベンダ選定にあたり、新システムの概要を記したRFPを提示し、ベンダが、これに対して提案書を提示したが、RFPの内容も、提案書、見積書も、その内容は、いずれも詳細まで詰められたものではなく、システムへのニーズも、それに対する金額も正式に決定してはいなかった。

　ユーザは、この状態のまま、平成19年4月、ベンダに対して「当事業団新健診システム構築事業者と決定致しました」と通知し、プロジェクトがスタートした。両者は、金額の定まらないまま仕様打ち合わせを重ねたが、この間、ベンダからは正式見積もりが提示された。しかし、ユーザは、これに回答をしないまま、6月末を迎えた。

　少し補足をさせていただくと、ベンダが提案時に提示した概算見積もりは初期費用が約1億6千万円でしたが、ユーザサイドは大きな減額を望んでいたようで、これが原因で契約を結ぼうとしなかったようです。ただ、この時期までそのことはベンダに言わず、社内調整等に励んでいたようです。

　一方のベンダは、ユーザから何も言ってこないということは基本的に当初見積もりを踏襲した金額で契約を結べるものと考えていたようです。そんなことも頭に入れながら、続きを読んでみてください。

（東京地裁　平成24年4月16日判決より）〈続き〉

　しかし、この時期になってもユーザはベンダとの契約を結ぼうとせず、ベンダは、正式発注がこれ以上遅れるようなら、プロジェクトを中止する旨を申し入れた。ユーザは、7月4日にベンダに減額を要求

するとともに、発注はするので、作業は継続してほしい旨を申し入れた。ベンダは、作業は継続するが、費用は下げられないと答え、両者はさらに交渉を継続した。

しかし、9月になっても交渉は成立せず、結局、ベンダからユーザに契約を結ばない旨を申し入れてプロジェクトは頓挫した。

その後、ベンダはユーザに対して、そこまでに行った作業の費用、約9千万円を損害賠償として請求したが、ユーザは、これに応じずに訴訟となった。

ベンダのプロジェクト管理義務違反か ユーザの信義則違反か

こういう書き方をしてしまうと、随分とワガママなユーザのようにも思えてしまいますが、事実だけを冷静に見ていくと非がどちらにあるのかは微妙なところです。

まず、提案と一緒に提示した当初の見積もりは、あくまで概算見積もりであり、ユーザがベンダを選定したとしても金額まで確定したわけではありません。その状態で作業着手してしまったベンダは早計であったとも考えられます（最近では大手ベンダの多くが、こうした契約前作業を社員に厳しく禁じています）。

また、この判決文要約には明確に書いてはいませんが、ベンダはユーザに見積もりは提示するものの、正式契約の締結を積極的にユーザに促すということが、6月末まではなかったようで、この点については、「専門家はプロジェクトを遂行する上での障害を積極的に取り除く努力をすべき」とするプロジェクト管理義務をベンダが果たしていたのかという問題にもなります。

とはいえ、相手は"お客様"であり、そう強く迫れないこともわかりますし、自分達を選んでくれたということは、見積もりについても納得してくれたのだろうとベンダが考えるのもある程度自然なことではあります。ズルズルと契約を延ばされ、仕事だけはさせられた挙句の減額要求では、一方的にプロジェクトを打ち切りたくなる気持ちもわかります。

商取引において顧客が、契約を約束するような言動を行い、相手を信用させて作業をさせたが、結局、発注をしないといった場合、信義則違反として損害賠償の対象になりますが、今回はまさにこうしたケースに当てはまると考えることもできます。

さて、判決はどのようだったでしょうか。

（東京地裁　平成24年4月16日判決より）〈続き〉

　ベンダとしては、6月下旬までは、技術提案応募要領に記載された通り、選定された構築事業者として見積書記載の見積金額でユーザとの間で本件業務委託契約が締結されるものと信頼して本件システムの構築に向けた具体的作業を行っていたことは明らかであり（中略）ユーザは、信義則上、ベンダに対し、上記の信頼を裏切って損害を被らせることのないよう配慮すべき義務を負っていたものである。

　（中略）

　ユーザは、4月以降7月4日の打ち合わせに至るまでの間、ベンダがユーザとの打ち合わせに基づいて本件システムの構築に向けた仕様の確定等の具体的作業を行っており、それに必要な費用を支出していることを認識しながら、ベンダの提出した見積書の見積内容や見積金額に疑問や不満を述べることもなく、これらの作業に協力しており、それにも関わらず、見積金額の合意成立の見込みがないことを理由として本件業務委託契約の締結を拒絶するに至ったのであるから、そのようなユーザの対応は（中略）信義則上の義務に違反したものと認めるのが相当であり（中略）不法行為による賠償責任を負うというべきである。

問題は減額要求ではなく、"放置プレイ"

　ご覧の通り、裁判所はユーザの態度を不法行為として損害賠償を命じる判決を出しました。

　ただ問題は、ユーザが長く契約を結ばなかったことではなく（もちろん、これも度が過ぎれば問題ですが）提案時の見積金額に対して減額要求

をしたことでもありません。むしろ、そうした減額要求すら長く行わなかったことに問題があると裁判所は言っています。判決文中に「見積書の見積内容や見積金額に疑問や不満を述べることもなく、これらの作業に協力しており～」とあるように、4月から6月までの間、ベンダに対して、「この金額では契約できない」ということをハッキリと伝えなかったことが問題だと言っています。

　たとえユーザが金額に不満があって契約できないとしても、それをベンダにハッキリと伝えず、作業の継続を依頼すればベンダは多少の調整はあっても、最後の見積もりが概ね通るものと期待してプロジェクトを遂行します。まさに、「放置プレイは罪」ということになります。

　「こんなの高すぎる。なんとか下げる工夫はないか」――この一言が、ベンダ決定後の早い段階であったかどうかが、この訴訟の分かれ道でした。

　この間、ユーザ社内では担当者が費用確保のために社内調整を繰り返していたことでしょう。そういう状況をできる限りベンダにも伝えてあげる姿勢があれば、こんなことにはならなかったのではないでしょうか。

"お客様は神様"ではなくなった

　私が若い頃には、今回のようなケースでもベンダは文句を言わずに、ただただユーザの回答を待ち、減額要求があればできる限り応じることが多かったような気がします。"お客様は神様"という意識が今よりも強かったですし、開発費用で赤字を出してもハードウェア費用や、その後の保守運用費でペイできる場合もありましたので多少の無理は飲むことができたのです。

　しかし、今は時代が違います。ハードウェア価格は下がり、開発費の赤字を埋めるだけの利益は望めなくなりましたし、赤字覚悟の商売や契約前の作業着手はコンプライアンスの点からも飲んでくれないベンダが増えたようです。

　ユーザの皆さんは、こうしたベンダの体質の変化を知り、それに応じた正しいプロセスを踏むことを心がける必要があるようです。

第9章

正式契約前に頓挫した開発の費用を
巡って

請負契約で実施していたシステム開発が途中で頓挫してしまったとき、発注者であるユーザは、そこまでにベンダが作りかけたものに対して費用を支払うべきかどうかという問題は、IT法務の教科書があれば、最初に取り上げられてもおかしくないほどよく見る事例です。「結局のところウチは何も得ていないのだから、金なんか払ういわれはない」とするユーザと「いや、働いた分はいただく」と反論するベンダの争いは、IT紛争の定番中の定番であり、私自身も調停や裁判で数多く出会ってきました。

「請負契約は成果物に対して金を払うんだから、途中で終わってしまったら、請求なんてできないでしょ？」と考える読者もいるかもしれません。もちろん、そうした考え方は、裁判所も1つの原則として軽視はしないのですが、実際の裁判を見ていると話はそう単純でもないようです。

特に、正式契約前にベンダが作業着手をして失敗してしまったような場合は、両者の債権・債務が不明確なことから、問題は一層複雑になります。この問題については前章でも書きましたが、本章と次章では特に、発注者であるユーザにさしたる非もない中頓挫した開発について、ユーザが費用を請求して紛争になった例をご紹介して、契約前の作業着手の危険とその対処について考えてみたいと思います。

むろん契約前作業などというものは、本来、ベンダにしてもらうべきではないのですが、現実問題としてはどうしてもやらざるを得ないケースもありますので、あえてご紹介します。

正式契約前に頓挫した開発の費用を巡る裁判の例

（東京地裁　平成19年10月31日判決より）

スポーツ施設運営業のユーザ企業が、会計システム導入のため開発を行うこととし、3つのベンダの提案を受けた。ユーザ企業は、他が、納期を遅らせるスケジュールを提示する中、唯一、納期遵守を約束したあるベンダに請負で依頼することを内定し、ベンダ企業は、開発代金の見積もりと取引基本契約書、請負契約書の案文を送付した。

第9章　正式契約前に頓挫した開発の費用を巡って

　しかし、正式契約を締結する前になって、ベンダは、"この開発については、要件も定まっておらず納期も厳しいことから、要件定義が完了した段階で請負契約を締結したい。スケジュール管理も自身が行う"という提案をして、ユーザもこれを了承した。

　契約のないまま、要件定義が開始されたが、途中、作業に遅れが見られたことから、ユーザの担当者が、ベンダの担当者に全体の納期に影響はないか確認したところ、問題ないとの回答だった。

　ところが、それから2ヵ月後、進捗の遅れは回復せず、ベンダが納期の遵守は不可能であるとして3ヵ月後らせる旨の提案をしたが、ユーザは、これを受け入れず、こうしたベンダの申し入れは、信頼関係を著しく破壊するものだとして、正式契約を締結しない旨を通知した。

　ユーザ企業は、契約交渉の解消は、ベンダの責であるとして、契約締結上の過失に基づいて約228万円の損害賠償を求めた（本訴）が、ベンダは、契約解消はユーザの責めに帰すべき事由によるものであるとして、不法行為に基づいて約892万円の損害賠償を求めた（反訴）。

　なお、この段階で、要件定義はほぼ終了していたが、帳票、データベース設計書はできていなかった。

受注者は作業した分を請求できるとした商法512条

　判決文を見る限りにおいて、正直、ベンダの言うような「契約解消はユーザの責めに帰すべき事由」というのは見当たりません。もちろん、実際の開発現場ではいろいろとあったとは思うのですが、文面を見る限り、ベンダ側は苦しいかな、というのが私の率直な感想でした。

　ただ、そんな中でもベンダ側が損害賠償を請求する根拠は、商法に以下のような条文があるからです。

65

第9章　正式契約前に頓挫した開発の費用を巡って

商法512条（報酬請求）

　商人がその営業の範囲内において他人のために行為をしたときは、相当な報酬を請求することができる。

　この条文をそのまま解釈すると、たとえ請負契約であっても、商人、つまり受注者であるベンダは、ユーザのために行った作業についてその分を請求できる、となります。これは「請負契約は納入した成果物に対して費用を請求できる」という一般的な考えと相容れないようにも見えますが、今回の場合、要件定義書と一部の設計書についてはほぼ完了しており、これを成果物と考えれば部分的な支払いは受けられたはずであると、一応、理屈は立ちます。

　また、私がよく言う「請負契約は、契約の目的を果たしてこそ支払いを受けられる」という考えも、納品したものが機能上品質上契約の目的達成に資する、つまり、これらを使ってプロジェクトを再開すれば、最終的にユーザの望むシステムが完成する見込みのあるものなら支払いを受けられると考えれば、通らない話でもなさそうです。もちろん、こうしたことはケースバイケースですので一概には言えませんが、一応、ベンダ側の主張にも根拠と筋道はあると考えられます。

　とはいえ現実問題として、他ベンダが無理だというスケジュールを大丈夫だと言って受注し、途中でユーザが心配しても問題ないと答えたベンダがユーザに明確な非がないにも関わらず、突然に白旗を揚げたのですから、ユーザの憤りもわからないではありません。そもそも、正式契約もない中で、こんな法律を適用することができるのでしょうか。裁判所がどのように判断したのか、以下をご覧ください。

66

第9章　正式契約前に頓挫した開発の費用を巡って

正式に締結していなくても、実質的には契約はあると見なす

（東京地裁　平成19年10月31日判決より）〈続き〉

　ベンダは、ユーザとの間に新会計システムの開発製作に係る請負契約は締結されなかったものの、ユーザの委託を受けて要件定義を確定し、本件契約を締結するための作業を行ったのであるから、商法512条に基づき相当額の報酬を受けるべき請求権を有するものというべきである。

　そして、その報酬額は、当事者の意思、実際に要した費用、行った業務の内容・程度等の諸般の事情を考慮して客観的に合理的な額が算定されるべきであるところ、本件においては、ユーザとベンダとの間で、平成17年10月25日、請負金額を6800万円（消費税別）とし、このうち全体設計費用200万円、要件定義費用450万円とされていたこと（略）、Yの報酬額としては、上記全体設計費用及び要件定義費用の合計額650万円（消費税別）の4分の1に消費税相当額を加算した170万6250円をもって相当とすべきである。

　ご覧の通り、裁判所は実にあっさりと請負は事実上成立しており、ベンダは報酬を請求できると言い切っています。

　この例は6800万円のうち170万円という、全体から見れば少額と言っていい金額ではありますが、これはプロジェクトが頓挫した時期がごく上流であったからで、開発の進捗によっては6800万円に近い数字を請求されることも、理屈の上ではありということになります。

67

第9章　正式契約前に頓挫した開発の費用を巡って

契約なしでの作業をさせるには、正式承認とリスクをとる覚悟

　冒頭申し上げた通り、この判決については考える部分も多いので、一部の解説は次章に持ち越すことにさせていただきます。ここではまず、契約なしでベンダに作業をしてもらうときに心がけておきたいことについて述べます（本来、正式契約前の作業は行うべきではないと、私が考えているということは何度も申し上げていますが……）。

　ユーザから見れば、自分達には何の非もなく、契約の目的を果たすことなく終わった開発の費用を一部とはいえ、負担しなければいけないという、いかにも納得のいきかねる判断を裁判所がしたのはどのような考えに基づくのか、それを考えた上で、ユーザ、つまり発注者側がやっておくべきことを考えてみたいと思います。

　これは、基本的なことですが、裁判所の判断の元となっている考え方として頭に入れておくべきこととして最初に挙げておくべきは、

「正式に契約していなくても、両者に実質的な合意があり、発注者が受注者の作業実施を黙認すれば、事実上、契約は成立していると考える」

というところでしょうか。前章も書いたように、プロジェクトが始まっても成果物の形（要件など）がハッキリとしないことが多く、著作権等の諸権利についても交渉に時間がかかることの多いIT開発では、受注者の着手を発注者が黙認した時点で、事実上の契約関係が発生しているとする考えが一般的です。これを踏まえて、ユーザが、最低限やるべきことを考えると、以下のような感じでしょうか。

ベンダの作業着手を組織として認識し、責任者が承認すること

　よくあるケースとして、ユーザの担当者が勝手にベンダの作業開始を認め、トラブルになったときに、発注の有無を巡って争いになることがあります。こうした場合、担当者とはいえ、やはり組織と組織（会社と会社）の間の約束事になってしまうわけですから、「担当者しか知らない」など

68

第9章　正式契約前に頓挫した開発の費用を巡って

ということは避けるべきです。作業着手は必ず、しかるべき責任者、具体的に言えば、ベンダに払うお金の決裁権者の承認を得るべきです。

その時点でできる約束は文書にしておくこと

　正式契約のない場合、それを逆手にとって作業の進捗や段取り、成果物の品質に責任を持たず、好き勝手に作業をして、プロジェクトの状況について報告もしないベンダの姿がよく見られます。実質的に作業を進めるのであれば、やはりプロジェクト計画や成果物について条件付きでも示してもらい、承認するプロセスをとること、リスクや課題を管理して、進捗と共に報告してもらうことなど、いわゆる"専門家としてのプロジェクト管理義務"を果たしてもらわなければいけません。契約書にはできなくても、覚書として、そうしたことを合意しておくべきです。

　もっと簡単に言えば、正式な契約書案を作り、両者が合意できないところだけを削除して覚書にしてしまうことです。

リスクを確認して"覚悟"を決めておくこと

　上の項で、"両者が合意できないところ"についてはリスクとして挙げておかなければいけません。正式な契約がないわけですから、ユーザには成果物等について何の権利（債権）も担保されていません。ですから、この場合のリスクとは簡単に言えば"全てを諦める"ということになります。

　たとえば、正式系や契約前に作業が途中で頓挫したとき、その損害についてベンダは一切責任を持たない、作りかけの成果物についても一切渡してくれない。その上ベンダは、そこまでの作業について費用を請求してくるといった危険があります。ユーザは、これらについて最悪の場合、全てを受け入れざるを得ない危険があります。このあたりをしっかり洗い出して覚悟を決めることが必要となります。

　いかがでしょうか。「当然だ」とお考えでしょうか、それとも「冗談じゃない」と思われたでしょうか。いずれにせよ、契約もなしにプロジェクトをスタートさせるには、それに代わる承認や合意、リスクテイクが必要な危険で面倒なことで、ある意味、正式契約以上に負担の大きなものでもあるということは覚えておいた方がよさそうです。

69

第9章　正式契約前に頓挫した開発の費用を巡って

　次章でも続きとして、正式契約前の作業着手についてお話しさせていただきます。大切なことですので、もう少しお付き合いください。

第 10 章

正式契約前に頓挫した開発の費用を
巡って（続編）

第10章　正式契約前に頓挫した開発の費用を巡って（続編）

　前章では、正式契約を結ぶことなくベンダに作業着手を依頼したが、結局、システムは完成することなくプロジェクトが頓挫してしまった判例をご紹介しました。たとえ請負契約前提の作業であっても、ベンダには商法512条に基づいてそこまでに行った作業について費用を請求することができ、そうしたことに備えて契約前の約束を文書化し、しかるべき責任者が合意すべきであること、金を払っても何も得られない可能性をリスクとして管理すべきであることをお話ししました。

　本章でも、同じ判例をもとに、契約前作業着手の問題について考えてみたいと思います。
　まずは、再掲で恐縮ですが、前章の判例をもう一度、ご覧ください。

正式契約前に頓挫した開発の費用を巡る裁判の例

（東京地裁　平成19年10月31日判決より）

　スポーツ施設運営業のユーザ企業が、会計システム導入のため開発を行うこととし、3つのベンダの提案を受けた。ユーザ企業は、他が、納期を遅らせるスケジュールを提示する中、唯一、納期遵守を約束したあるベンダに請負で依頼することを内定し、ベンダ企業は、開発代金の見積もりと取引基本契約書、請負契約書の案文を送付した。

　しかし、正式契約を締結する前になって、ベンダは、"この開発については、要件も定まっておらず納期も厳しいことから、要件定義が完了した段階で請負契約を締結したい。スケジュール管理も自身が行うという提案をして、ユーザもこれを了承した。

　契約のないまま、要件定義が開始されたが、途中、作業に遅れが見られたことから、ユーザの担当者は、ベンダの担当者に全体の納期に影響はないか確認したところ、問題ないとの回答だった。

　ところが、それから2ヵ月後、進捗の遅れは回復せず、ベンダが納期の遵守は不可能であるとして3ヵ月遅らせる旨の提案をしたが、ユーザは、これを受け入れず、こうしたベンダの申し入れは、信頼関

係を著しく破壊するものだとして、正式契約を締結しない旨を通知した。

この事件について裁判所は、たとえ正式な契約がなくてもベンダの作業着手をユーザが命じるあるいは容認していれば双方に債権債務が生じると考え、また、商法512条に基づいて、システムが完成していなくても受注者であるベンダは行った仕事に対して相応な報酬を請求できるとの考えで、以下のような判決を下しました。

（東京地裁　平成19年10月31日判決より）〈続き〉

　ベンダは、ユーザとの間に新会計システムの開発製作に係る請負契約は締結されなかったものの、ユーザの委託を受けて要件定義を確定し、本件契約を締結するための作業を行ったのであるから、商法512条に基づき相当額の報酬を受けるべき請求権を有するものというべきである。

　そして、その報酬額は、当事者の意思、実際に要した費用、行った業務の内容・程度等の諸般の事情を考慮して客観的に合理的な額が算定されるべきである（後略）

さて、この判決を読んでいるとある疑問が湧いてきます。このプロジェクトは、確かに正式契約時には請負とするつもりだったのかもしれませんし、ユーザ側のITリテラシからしても、それが妥当なのかもしれません。しかし、契約前の作業について"請負"のようにベンダ任せでよかったのかという点については、疑問の残るところです。

第10章　正式契約前に頓挫した開発の費用を巡って（続編）

契約前作業では成果物が役に立たなくても費用請求される

　なぜ、私がそのように考えるのか？　ポイントはいくつかあります。まず1つは、契約書のない作業には、契約の目的も最終成果物も定義されていないということが挙げられます。

　この判決で裁判所は、商法512条をもとに、ベンダが作った要件定義書の分だけは払いなさいと命じています。ベンダの労働量ではなく成果物をもとに支払い額を算定したこと自体は請負らしい考えですし、確かに法律的にはそうかもしれません。

　ただユーザ側から見ると、今回のように要件定義者がそのまま開発を行うことを前提とした要件定義書というのは、それ単体で受け取っても役に立たないことがほとんどです。仮にこうした要件定義書を別のベンダに見せても前のベンダにしかわからない言葉や意図が説明もなく述べられていて、その理解にはそれなりの時間と労力を必要とします。また、前のベンダが想定したシステムの実現方式を前提に書かれていたりするので、別のベンダが新しい設計思想を入れようとするなら大修正が必要となることもよくある話です。そうなれば、新しいベンダは要件定義を作り直すことになり、結局、古い要件定義書は何の役にも立たないものになってしまいます。またITの要件定義書というものは、設計以降の後続フェーズで頻繁に更新されていくので、この判例のように設計前に納めた要件定義書は、事実上、未完成であると言ってもよいくらいのものです。

　こうしたことは設計書やコードについても同じでしょう。結局、いくら裁判所が成果物の体をなしていると考えても、途中で作業を中断したベンダの成果物というのは、役に立たないか、あるいは、役立てるのに大きな労力を必要とするものがほとんどです（実際、私が裁判所で担当する紛争においても、途中でベンダを変えてシステムを作ったという例は数多くありますが、その際に前のベンダの成果物を利用して、重複なく作業できたという例はほとんどありません）。

　これが正式契約後であれば、ベンダには契約の目的に適うものを作る責任が発生し、半端なものづくりでは費用の支払いを受けられませんが、契約がなければベンダは途中で投げ出しても、そして、そこまでの成果物が

74

最終的には役に立たないものであったとしても相応の費用を請求できることになります。

契約前作業ではベンダのプロジェクト管理責任を問えない

　もう1つ、この判決を見て気づくのは、契約前の作業ではよく言われるベンダのプロジェクト管理責任も問えない可能性が高いということです。

　本書でも以前に触れた通り、IT開発の請負契約の場合、ベンダにはプロジェクトを円滑に進め、もしこれを阻害する要因や事象が発覚した場合には、それらを是正するというプロジェクト管理義務があります。この判例のようにプロジェクトの進捗が遅れているなら、その原因を明らかにして対処しスケジュールや体制等の見直しも行って、プロジェクトを管理することが求められます。

　しかし、この判例では、ベンダは進捗の遅れについて特段の手を打つこともなく、ユーザから「大丈夫か？」と問われても問題ないと回答しておきながら、突然に納期の延期を求めています。通常であれば、これはプロジェクト管理義務違反という不法行為にあたり、損害賠償の対象にもなるのですが、今回のケースで裁判所はそうしたことに触れていません。これも契約がない以上、ベンダにそうした債務（責任）がないと考えたことによると思われます。

　極端な言い方をすれば、契約がない場合、ベンダは自分の想定する成果物を自分の都合によるスケジュールで作成し、途中で駄目になったら、そこまでの費用を請求して引き上げてしまうことができるわけです。ユーザにしてみればとんでもないことですが、契約がない以上、裁判所もそうした判断をせざるを得ません。この判例では、裁判所はこのプロジェクトを実質的に請負契約と見なしていますが、中身を見ると、そのことによるユーザの利益はほとんど考慮されていないように読めます。このあたりは、裁判所とITの開発現場の間にある溝を示すところかもしれません。

第10章　正式契約前に頓挫した開発の費用を巡って（続編）

契約前作業は準委任のように扱う

　こういう例を見ていると、つくづく契約前作業など行うべきではないと思ってしまいますが、それでも止むを得ずというときに、ユーザは正式契約までの間、準委任契約のように扱う必要があるかもしれません。

　まずはスケジュールや体制といった計画策定をベンダ任せにせず、自分達で行い、作業が予定通りに進んでいるかを頻度よく確認する。もちろん、ベンダ側にも協力してもらいますが、最終責任は自分達にあると覚悟を決めて管理する必要があります。

　途中で、計画を阻害するリスクや課題が発生したときにも、その解決をベンダ任せにせず、ともに話し合ってユーザ側の責任下で実施する。

　リスクや課題の解決方針も含めて、技術的な検討事項についても自分達がわかるまでベンダに説明してもらい、その妥当性を判断する。こうしたことが必要になってきます。要するに、契約前の段階ではユーザはユーザではなく、プロジェクトチームのメンバーであり責任者であるとの覚悟が必要だということです。

＊　＊　＊

　2つの章にわたって、正式契約前の作業についてお話ししましたが、いかがだったでしょうか？　ユーザにとっては、意外に厄介で危険なものであることはおわかりいただけたのではないかと思います。

　私のいる東京地方裁判所にも、こうした契約前作業が問題になった事件が数多く寄せられます。その判断はケースバイケースで、中には、ベンダに費用を一切認めず、損害賠償まで命じる例もあります。それに比べると今回の例はベンダに寄った判例とも言えますが、やはり、契約前作業を行わせるには、それなりの覚悟が必要であることは確かかと思います。

76

第11章

ITユーザが情報漏えいに備えて
やっておくべきこと（前編）

この章を「EnterpriseZine」（http://enterprisezine.jp/）の連載記事として執筆していた当時（2015年6月）、日本年金機構から125万件の個人情報流出、東京商工会議所から最大12,000件の会員情報流出と、情報セキュリティに関する大きな事件が続いていました。言うまでもなく、個人に関する情報が流出してしまうと、その企業や組織は多額の慰謝料や損害賠償金を払わなければならないだけでなく、社会的な信用を失い、経営的にも大きな打撃を受けることにもなりかねません。読者の皆様の中にも自分の会社は大丈夫だろうかと気を揉んでいる方や上司から自社のセキュリティ対策を検討しろと言われて頭を悩ませている方もいるかもしれませんね。

どこまで努力をしても100%の防御はできない

残念ながら現在のところ、こうした情報流出をはじめとするセキュリティ侵害を完全になくす手立てはありません。もちろん、各セキュリティ専門会社やネットワークサービスに関わるプロバイダ、ITベンダ等は、日々、セキュリティ技術を研究してさまざまな製品やサービスを展開していますが、攻撃側の技術も日進月歩であり、このあたりの攻防はイタチごっこの感が否めませんね。また、いくら高度なセキュリティを施していても上述した事件のように、職員がうっかりメールを開いてしまったためというような事件は、人間が仕事をする以上、どうしても避けられないことかもしれません。

どこまで努力をしても100%の防御はできない。残念ながら、これが現代のネット社会の姿です（誤解のないように申し上げておきますが、私は最新のセキュリティ技術を無駄だと言っているわけではありません。このことは次章で述べたいと思いますが、最新のセキュリティ技術について、常に学び、必要に応じて導入していくことが、情報を預かる企業や組織にとって、むしろ義務と言ってもよいくらいであるということは、裁判所の判決からも透けて見えます）。

第11章　ITユーザが情報漏えいに備えてやっておくべきこと（前編）

常識的な対策をしていれば被害者、していなければ加害者

　次に問題なのは、情報を流出させてしまったユーザの責任です。たとえば、質屋に泥棒が入って、お客さんから預かった質草を盗まれてしまったとします。この場合、質屋は被害者です。世の中の糾弾の矛先は、泥棒に向くことでしょう。ところが、もしこの質屋が、ドアやショーケースに鍵をかけるのを忘れていたとなったらどうでしょうか。質屋の立場は、一気に加害者に寄ることになるでしょう。常識的に見て、なすべき防御策をやっていれば被害者、やっていなければ加害者というわけです。情報を預かる身である企業や組織は、少なくとも自分が加害者にならないために、どんなことを心がけ、どんなことをするべきなのでしょうか。本章と次章では、このあたりについて、あるクレジットカードの情報流出を巡る裁判を例に考えてみたいと思います。まずは、事件の概要からご覧ください。

個人情報漏えいの責任が争われた裁判の例

（東京地方裁判所　平成26年1月23日判決より抜粋・要約）

　あるユーザ企業がベンダにクレジットカード決済機能を持つWeb受注システムの開発を依頼した。ベンダはこれを完成させシステムは本稼動したが、その後も、ユーザとベンダは毎年、このシステムの更新を行っていた。

　このシステムで使用するデータは、第三者であるレンタルサーバ業者の運営するサーバ上に保存されており、その中には顧客のクレジットカード情報（カード会社名、カード番号、有効期限、名義人、支払い回数及びセキュリティコード）が含まれていたが、これらは暗号化されていなかったところ、SQLインジェクションによる攻撃を受け、クレジットカード情報、約6800件が流出した可能性がある。

79

「SQL インジェクション」という言葉が、耳慣れない方もいらっしゃるかもしれませんが、要は、インターネット上の操作者が、直接企業の内部データベースを操作して情報を盗んだり、改ざんしたり、あるいは破壊できてしまう攻撃手法です。これに対する防御法は、既にある程度確立されていて、プロのベンダであれば、こうした攻撃を受けないようなプログラミングをきちんと行っているべきだったのですが、このベンダは、そこのところができていなかったようです。プロとしてはかなり初歩的なミスと言ってよいでしょう。

また、クレジットカード情報を暗号化していなかったという点も、あまりに脇が甘かったと言わざるを得ません。"鍵をかけなかった質屋"と言われても仕方がないかもしれません。結果的には、こうした甘さが災いし、ユーザは多大な損失を被ることになりました。

対策に抜けがあったベンダと提案を無視したユーザ

こうなると、こんな脆弱なシステムを運営することになったのはユーザとベンダのどちらに責任があるのか、ということになります。裁判では、双方が以下のように相手の責任を糾弾しました。

ベンダの債務不履行を訴えるユーザの主張

（東京地方裁判所　平成 26 年 1 月 23 日判決より抜粋・要約）

- ベンダは、適切なセキュリティ対策がとられたアプリケーションを提供しなかった
- ベンダは、ネットワークやサーバのセキュリティ対策を講じなかった
- ベンダは、カード情報を暗号化しなかった　他

ユーザの主張は他にもありますが、本章の話題に関連するところはこんなところでしょう。一方ベンダは、ユーザの非を以下のように主張しました。

ユーザが提案を退けたとするベンダの主張

（東京地方裁判所　平成26年1月23日判決より抜粋・要約）

- ユーザは、クレジットカード情報を当該サーバ上のデータベースに置くべきではないとするベンダの提案を無視した。

ユーザの主張に比べるとベンダの主張はシンプルですが、情報漏えいを防ぐために、もっとも効果的な手法ではあります。この提案を受けてユーザが対策を打っていれば、確かに情報漏えいは避けられたかもしれません。脇が甘かったベンダのプログラムと、理由はわかりませんがベンダの提案を無視したユーザ。この情報漏えいは、その両方の合わせ技で起きてしまったことなのかもしれません。

ベンダとユーザの責任は7：3

裁判所は双方の責任をどのように判断したでしょうか。以下をご覧ください。

裁判所の判断

（東京地方裁判所　平成26年1月23日判決より抜粋・要約）

- ベンダのSQLインジェクションへの対処は不十分だった。
- 本件契約において、ユーザとベンダは、その当時の技術水準に沿ったセキュリティ対策を施したプログラムを提供することが黙示的に

第11章 ITユーザが情報漏えいに備えてやっておくべきこと（前編）

合意しており、ベンダは当該個人情報の漏えいを防ぐために必要な
セキュリティ対策を施したプログラムを提供すべき債務を負って
いた。

■ ユーザは、顧客のクレジットカード情報をセキュリティ上はデータ
ベースに保持しない方がよいことを認識し、ベンダから改修の提案
を受けていながら、何ら対策を講じずにこれを放置した。

　裁判所は、最初の2点はベンダの責任、3点目はユーザの責任として、
それぞれの責任の割合を7：3と判断しました。
　判決では、まずベンダがプロとして施すべきだった対策を怠ったとして
ベンダの責任を糾弾しています。特に2点目で、ベンダには、特にユーザ
から明示的な要望がなくても、そのときの技術水準に沿ったセキュリティ
対策を施す義務があると言っている部分は特徴的です。
　一方で、判決はベンダから個人情報をデータベース上に置くことは危険
だと知らされていたのに、何ら手を打たなかったユーザの責任も述べてい
ます。セキュリティを守る上では、ユーザとベンダの協力が必要であり、
どちらかの努力だけでは足りないということがわかります。

責任がどちらにあるにせよITユーザには
やるべきことがある

　では、この判決を踏まえて、ITユーザには、システムの開発・導入及び
保守について、どのようなことが必要であるのかを考えてみたいと思いま
す。以下に2点ほど挙げました。

1) ベンダからセキュリティに関する提案があった場合には、真摯にこれ
を検討し、何らかの形で実現する

　これは、判決文のうちで3点目に対応するものです。ITの専門家である
ベンダが危ないと警告してきたものは、何であれ無視しないことです。む
ろん、ベンダがいつも正しいことばかりを言うとは限りません。何らかの
ツールや装置を売りたくて、提案してくるベンダもいることでしょう。そ
うしたことに対応するには、第三者的なスペシャリストを別途アサインし

82

てベンダの提案を検証するなどが効果的かと思いますが、とにかく無視は
しないことです。

　そして、ベンダの提案通りにするか代替手段をとるかして、何らかの対
応はしておくべきでしょう。判例にあるような個人情報をデータベースで
はなく別の場所に保管するというのは、新しいサーバが必要だったり、
ネットワーク構成を変える必要だったりするかもしれませんし、プログラ
ムの改修をする必要もあって、手間暇とお金がかかるかもしれません。し
かし、個人情報を守ることは絶対に必須のことであり、お金の問題ではあ
りません。それらを惜しむというなら、そもそも、そんなシステムを開発
して利用する資格がないと言ってもよいくらいでしょう。

2) ベンダにセキュリティ対策の十分性を質問できる知識を持つ

　こちらは、判決文のうちで1点目、2点目に対応します。本来ならセ
キュリティについての技術的な問題は専門家であるベンダに任せるべきか
もしれません。しかし、ベンダがいつも完璧な施策を打つとは限らず、判
例のようにどこかに抜け漏れがあることはめずらしくありません。

　もちろん、こうした問題で情報流出が起きた場合には、この判例がそう
であったようにベンダに一定の損害賠償を求めることができます。しか
し、システムの導入は裁判に勝つためにやるわけではありません。SQL イ
ンジェクション、DDoS 攻撃、バックドア、なりすまし、踏み台攻
撃……。こうした一般的な攻撃手法については、ユーザも知識を得てお
き、それらについての対策は万全かを折に触れ、ベンダに確認することが
求められます。

　知識については、やはり第三者的なスペシャリストに支援してもらった
り、JP-CERT のホームページ等で最近のセキュリティ事件について定期的
に調べたりという手もあります。あるいは、セキュリティベンダ等が主催
する講習会に参加するのもよいでしょう。

　いずれにせよ、ベンダだけに任せず、自ら、システムの問題点を掘り起
こす姿勢が、ユーザには求められます。本書でも以前に述べた「IT ユーザ
は、単なるお客様ではない」という言葉には、こうした意味もあります。
ベンダの言うことには傾聴しつつもベンダだけには頼らない。何だか矛盾
したような考えですが、そうした姿勢と覚悟を持つユーザは、きっと情報

漏えいを起こして、数千万円、数億円という賠償金を払うリスクをかなり
減らすことができるでしょう。

　本章では主として、情報漏えいをはじめとするセキュリティ侵害を防ぐ
ために、ユーザに求められる活動や心構えについてお話ししました。次章
ではいざ情報漏えいが起きたときのために、ユーザがどんな準備をしてお
くべきなのかについて、お話ししたいと思います。

第12章

ITユーザが情報漏えいに備えて
やっておくべきこと（中編）

第12章 ITユーザが情報漏えいに備えてやっておくべきこと（中編）

　前章では、平成26年1月に東京地裁に出された個人情報漏えい事件の判決を参考に、情報を漏えいさせてしまった組織は、場合によって不法行為を問われ、損害賠償を請求される可能性があること、それを防ぐためには、組織が情報セキュリティに関する情報を日頃から収集・学習し、ITベンダからのセキュリティ対策提案等があったときには真摯に検討すべきであること、といったお話をしました。「不法行為」なんて言葉にはちょっと構えてしまいますが、常識といえば常識かなといったところでしょうか。

盗まれない努力と、盗まれたときの備えの両方が必要

　しかし、そうは言ってもITの技術が日進月歩であるのと同じく、他人の情報を盗み出してやろう、壊してやろうという輩の技術も日々進歩しています。世界中のITベンダやセキュリティ専門会社が日々セキュリティソフトやツール、サービスを開発はしていますが、それらはほとんどが既知の脅威に関するものですから、どうしたってこの争いはイタチごっこになってしまいますし、おそらくセキュリティ侵害が完全になくなる日なんてものは人類がITを使い続ける限りやってこないんでしょうね。

　かの大盗賊の石川五右衛門を描いたお芝居で、五右衛門が豊臣秀吉に捕まって釜ゆでの刑に処されたときの台詞に「浜の真砂は尽きるとも、世に盗人の種は尽きまじ」というのがありますが、まさにそんな感じでしょうか。

　そうなってくると、組織や個人が自分の持つ情報のセキュリティを考えるときには、その防御策だけではなく、漏えいしてしまった場合にとりあえずどうするか、ということを取り決めておく必要があります。実際には情報はその内容や漏れ方によって、その後の対応も変わってきますので、十把一からげに「漏れたらこうする！」と決めつけておくわけにもいきませんが、少なくとも、情報漏えいが発覚したときの初動くらいは組織内で定義して、メンバーに徹底し、必要なら訓練も行うべきでしょう。

全ての情報に同じ対策はナンセンス

　ただ、実際にセキュリティ方針や漏えい時の対策を考える上において、全ての情報について1つのルールを設定したのでは、おそらく何もうまくいかないでしょう。昨今の企業は、多かれ少なかれ、他に開示できない情報というものを扱っています。社員や顧客の個人情報、営業機密、ある時期までは公開したくないニュース等いろいろです。私が以前にいた企業では、防衛機密、つまり戦闘機や戦車の設計に関する情報なんてものまで扱っていました。

　これらの中には、当然、何が何でも漏らせない情報と、対策をきつくしすぎると仕事が回らなくなる情報が入り混じっています。個人情報を扱うなら、たとえそれがどんなに不便でも、インターネットに接続したサーバやパソコンには置けませんし、情報を保管しているサーバやパソコンには必ず複数名のログインで入るようにするといったことが必要になるのかもしれません。

　一方で、たとえ機密情報でも、マルチロケーションで開発を行う際に設計情報を共有する場合なら、そこまで強いセキュリティをかけてしまうと仕事が成り立ちませんし、営業情報についても同じことが言えるでしょう。いくら安全に考慮が必要と言っても、あまりに生産性を落とすようなセキュリティは問題ですし、度が過ぎると皆がルールを無視して、もっと危険な状態になりかねません。

　ですから、きちんと情報を守ろうとする組織は、必ずその情報の重要度、漏れた場合の危険度から情報を分類し、各々についてセキュリティはどうあるべきか、つまりセキュリティポリシーを定義しています。

　つまり情報のトリアージです。自身がどのような情報を持っていて、それが漏えいしたらどんなことが起きるのか、そんなことを想定しながら情報を分類するわけです。たとえば、先ほどのような防衛機密情報なら、それこそ会社が潰れても守らなければなりません。

　分類としては、最高ランクになり、会社を潰してでも守るべきとの考えの下、セキュリティポリシーを作ることが必要でしょう。逆に、何人かの社員の氏名だけが、どこかに公開されただけのように、「申し訳ありません」と頭を下げるだけで済む情報なら、ランクも最低レベルで、ポリシーもそれなりになります。

被害想定者に着目した常識的なトリアージ

　では、実際のところ、自分の持つ情報をどのように分類するのでしょうか。これには、2つの目が必要です。この話は、そこそこ長くなりそうですので、本章では、そのうちの1つ目である「常識的なトリアージ」についてお話しし、次章で、もう1つの「現実的なトリアージ」についてお話ししたいと思います。

　前者である「常識的なトリアージ」とは、主として情報を漏らされた被害者の視点に着目したトリアージです。この情報が漏れたら、誰が、どれだけ迷惑するのか、そのためにはどんな備えが必要で、漏えいしたときにはまず何をすべきか、このあたりを考えて定義する分類で、この程度のことは考えておかないと外部から常識を疑われるという意味で、「常識的な」としました。多少アレンジしていますが、ある会社の例をご覧ください（表12.1）。

●表12.1　被害想定者に着目した情報トリアージの例

分類	説明	例
S	経営に重大な影響があっても、守るべき情報 個人情報	取引先の秘密情報 国家機密・防衛機密　等
A	上記ほどではないが、対外的に影響が大きいもの 取引先の通常情報	未発表の決算情報 未発表の製品情報　等
B	外部に及ぶ損害は限定的だが社の被害が大きい情報 経営機密・戦略情報	営業機密・戦略情報 固有の技術情報　等
C	限定的だが社内での損害がある情報	顧客台帳（個人情報は含まない） 社員の個人情報　等

　概ねこんな感じでしょうか。一番上だけは特別で、たとえ会社が潰れてでも守るべきものですので、あえて"S"としました。外部に影響があるか否か、被害者が不特定多数に及ぶか、といったことを考慮した結果、このような感じになっています。

　これは一例ですから、このままである必要はありませんが、情報漏えいがどこまで影響を与えるのかを軸に情報を分類するのは比較的常識的かと思います。自社の経営情報、営業情報より取引先の通常方法が重い分類と

なっていることに違和感があるかもしれませんが、外への影響を重視すると こうなります。

そして、このように分類したら、今度は分類ごとにセキュリティポリシーを考えます。これも同じ例から見てみましょう（表12.2）。

●表12.2　分類ごとのセキュリティ方針

分類	セキュリティポリシー	漏えい時への対策
S	・個人のパソコンには保管しない ・インターネットに接続した機器には保管しない ・●●のみが閲覧・参照・編集可能とする ・参照には複数名の承認が必要とする ・ファイルは○○以上の強度で暗号化する ・アクセスログを定時ごとに監視する	・全てのネットワークの遮断と確認 ・監督官庁への報告（→以降の対策は官庁と協議） ・各種メディアへの発表（個人情報） ・社長を長とする対策本部設置 ・○○を長とする原因究明本部設置 ・被害状況確認 ・お見舞金の計算と支払い準備
A	・個人のパソコンには保管しない ・インターネットに接続した機器には保管しない ・●●のみが閲覧・参照・編集可能とする ・ファイルは○○以上の強度で暗号化する ・アクセスログを定時ごとに監視する	・全てのネットワークの遮断と確認 ・証券取引所への報告（→以降の対策は取引所と協議） ・被害状況確認 ・該当顧客への通報と社長による謝罪 ・○○を長とする対策本部を設置 ・○○を長とする原因究明本部設置
B	・●●のみが閲覧・参照・編集可能とする ・アクセスログを定時ごとに監視する	・外部へのネットワークの遮断と確認 ・被害状況確認 ・○○取締役への報告（→以降の対策は取締役と協議）等
C	・アクセスログを定時ごとに監視する	・関係部門長への連絡（→以降の対策は部門長が決定）等 ・社員情報の場合は、本人へ連絡 ・社員情報の場合は、○○規定に則り謝罪

もちろん、これらはあくまで例ですから、「こんなんじゃなくて……」「いやいや、これはやりすぎ」等感想を持たれた方は、自分の会社なら、あるいは、自分なら、どんな分類をして、どんな対策を立てるか、ぜひ考えてみてください。おそらく、そうすることが一番大切なことかと思います。このように情報を分類して、それに応じたセキュリティ方針と漏えい時の活動をあらかじめ定義しておくことで、情報漏えい対策は、効率的・効果的になります。

そして何より大切なことは、こうした活動を平時から行うことで、日頃からのセキュリティ意識が高まり、自分達の周りにどんな危険が潜んでい

第12章 ITユーザが情報漏えいに備えてやっておくべきこと（中編）

るかを再認識できることです。私が裁判の判例で見る限り、情報漏えいを
起こした会社でこうしたことをきちんと行えていた会社はありません。

　情報セキュリティポリシーを持っていたとしても、現実離れした対策が
並んでいて、結局誰も従っていないとか、よいポリシーなのに、周知徹底
できていないとか、あるいは、そもそもそんな方針すら持っていないと
か、そうしたところが結局、情報漏えいを起こしてしまうというのが、現
実の事例からも見てとれます。

　さて、情報トリアージの2つ目である「現実的な情報トリアージ」、簡
単に申し上げるなら、情報に値札をつけるトリアージなのですが、これに
ついては次章でお話ししたいと思います。

第13章

ITユーザが情報漏えいに備えて
やっておくべきこと（後編）

第13章　ITユーザが情報漏えいに備えてやっておくべきこと（後編）

　第11章、第12章と情報セキュリティについてお話をさせていただきました。情報を預かる組織はセキュリティに関する情報を日頃から収集、学習し、ベンダ等からのセキュリティ対策提案があれば、まずは検討すべきであること、万一の情報漏えいに備えて情報を重要度に応じて分別（トリアージ）して、対応策をあらかじめ準備しておくべきであること等、多少面倒な作業かもしれませんが、昨今のセキュリティ事情を考えるとやはり無視できないことではないかと思います。

情報漏えいは経営危機にも発展しかねない

　顧客の個人情報であれ、取引先の営業秘密であれ、情報を取り扱う企業であれば、ある程度の手間を掛けて、それを守る手段を講じておかなければなりません。そして、その手間はその情報が漏れたときの被害の大きさによって、トリアージ（分類）して防御法を考えておくべきというのが前章のお話でした。仮に情報を守りきれなかったとしても、こうした対策を打っていた組織は少なくとも裁判で無責任だと責められる可能性は低いと考えられます。

　とはいえ、これはあくまで外向きのお話です。いくら周囲から理想的な対応だとほめられたところで、情報漏えいが組織の運営や企業の経営に大きな影を落とす重大事であることには変わりません。たとえば、裁判所の判例などを見ると個人情報を漏えいさせた場合、情報を漏らしてしまった組織に命じられる損害賠償の額は、概ね5百円から5千円というのが相場のようです。

　1万人の情報が漏えいすれば、5百万円から5千万円、100万人なら、5億円から50億円の損失になります。その上、情報漏えいを起こした会社は多くの場合信用を落として、売上も落ちるのが普通ですし、その他の余計な経費も考えると、組織の損失は膨大なものになるでしょう。

　これだけの損失を一気に出してしまうわけですから、企業の場合なら株価も下がるでしょうし、下手をしたら経営的な危機も招きかねません。情報漏えいの多くは、極少数の人が"ついうっかり"メールの添付ファイルを開いてしまったなど、ほんの些細なミスが原因で起きますが、それにして

はその被害は甚大です。まさに、注意一秒、怪我一生といったところです。

　どんな人間にもこうしたうっかりミスの危険が潜んでいるわけですから、情報を扱う組織は、いつか自分達の組織でも必ずこういうことが起きると考えて対策をしておく必要があるわけです。普段の仕事に忙殺されていると忘れがちですが、情報漏えいは誰にでも、どこにでも起き得ることなのです。

何もないときから情報漏えいを想定してルールを作る

　では、「起きたときの対策」ではなく「起きる前の準備」として、どのような備えをしておくべきなのでしょうか。

　たとえば、2014年に発生した通信教育会社の情報漏えいの場合、当時は大変な問題になり、マスコミからも多くの非難を受けました。1年経った現在においては新体制の下、新しいサービスも展開して相変わらず業界トップクラスの座を守り続けながら営業を続けています。

　この会社のよかったところは、問題が発生したとき何はともあれ500円の見舞金を無条件で顧客全員に払ってしまったこと。トップが謝罪会見を開いて謝ったこと、そして社長が責任をとって交代し、新しい社長が問題の再発しない新しいサービス（顧客登録をせずに通信教育が受けられるサービス）を始めたことです。これにより、この会社は数千万件の情報漏えいという大事件を乗り越えて、現在も元気に営業中です。

　つまり、お金を出すこと、トップが謝ること、責任者が交代すること、今後の再発防止策を打ち出すこと、これらを比較的短期間のうちにできたことがこの会社のよかったところと言えるでしょう。

　大切なことは、こうしたことを事件が起きてから考えるのではなく、最初から想定しておくことです（このことは、例示した通信教育会社もやってはいなかったようですが、うまく運用すればこの会社よりも早く対応がとれると思われます）。

第13章　ITユーザが情報漏えいに備えてやっておくべきこと（後編）

被害金額で情報をトリアージしてプロセスを決めておく

　では、「最初から想定しておく」とは、具体的に何をするのでしょうか。言葉にするだけならそれほど難しいことではありません。外部から漏えいしてはいけない情報を預かるときに、「もし、この情報が外へ漏れたら、いくらの損失になるだろう。誰が、どうやって謝ればよいのだろう。誰かが、詰め腹を切るべきなのだろうか」ということを組織として検討し、決めておくことです。情報漏えいがあった際、まずはどこからお金を出すか、誰が謝るか、誰までが責任をとるのか、再発防止策は誰が検討するのか、これを被害金額と情報の種類によって組織で定義しておくのが理想的です。

　被害者の立場に立てば、漏えいしたときの対応がマニュアル化されているようで誠意を感じないかもしれませんが、現実に組織や企業の存続を考えるなら多少ドライでも致し方ありません。これが「現実的なトリアージ」と呼ぶ理由です。実際のトリアージとしては、表13.1のような感じでしょうか。

●表13.1　現実的なトリアージの例

被害想定額	個人情報？	対応責任者	決済責任者	メディア発表	情報漏えいへの対応
1億円以上	Yes	担当取締役	社長	要	・1人千円の見舞金の事前準備 ・ネットワーク停止に伴う代替プロセスの確立 ・情報を預かっている旨を社長へ通知 ・謝罪方針と再発防止策検討のリーダーの決定 ・謝罪会見者は社長
	No	担当取締役	社長	要	・被害想定金額の手当 ・ネットワーク停止に伴う代替プロセスの確立 ・情報を預かっている旨の社長への通知 ・謝罪方針と再発防止策検討のリーダーの決定 ・被害者との交渉窓口は○○取締役

94

3000万円 以上～1億 円未満	Yes	担当部長	担当部長	要	・"一億円以上"の"個人情報"と同じ
	No	担当部長	担当部長	不要	・被害想定金額の手当 ・ネットワーク停止に伴う代替プロセスの確立 ・情報を預かっている旨を担当部長へ通知 ・謝罪方針と再発防止策検討のリーダーの決定 ・被害者との交渉窓口は○○部長
3000万円 未満	Yes	担当課長	担当課長	要	・"一億円以上"の"個人情報"と同じ
	No	担当課長	担当課長	不要	・被害想定金額の手当 ・謝罪方針と再発防止策検討のリーダーの決定 ・被害者との交渉窓口は○○部長と××課長
被害額はない	Yes	−	−	不要	・謝罪方針と再発防止策検討のリーダーの決定 ・被害者との交渉窓口は○○部長と××課長

　大切なことは、これを事件が起きてからではなく、あらかじめルール化しておくことです。たとえば顧客情報を預かる場合には、必ず被害想定額、個人情報の有無、見舞金や損害賠償金の決済権限者、メディア発表の要否を書面化し、情報漏えいの対応責任者に通知し、責任者はその被害金額に応じて、決済権限者への支払い準備金の手当の依頼を行うとともに、表中の「情報漏えいへの対応」を行うこと。こうしたことを組織としてルール化しておくことが、情報漏えい対策には有効です。

　もちろん、こうしたルールを作ったからといってお金が湧いてくるわけではありません。しかし、お金というのは準備をするのに時間がかかります。責任者の謝罪とともに対応が遅れることが、そのまま組織の評判を落とし、後の売上にも影響するのです。とにかく、迅速かつ的確に誰かに言われる前に、とっとと対策を打ってしまう、そのことが大切で、そのためには平時から、こうした準備をしておくことが大切です。

個人としての心がけ

　ここまでは情報を預かる組織としての話ですが、個人のレベルではどうでしょうか。組織が上述のようなルールを守っているなら、それに乗って

おけばよいのかもしれません。しかし、もし組織がそういうことを決めないなら、個人としてだけでも身を守るために決めておくことです。

　何よりも大切なのは、自分が漏えいの危険のある情報を持っているということを上司か決済権限者に伝えておくことです。この場合、「決済権限者って誰？」と疑問が湧くかもしれませんが、要は相応のお金の手配をできる人です。たとえば、「このサーバには1000人分の個人情報が入っている。もし漏れたら、見舞金、経費で1000万円の損失になる」→「1000万円なら、うちの会社の場合、課長決済で動かせるお金だから、○○課長に、万一の場合はお願いしますと言っておこう」という具合です。

　まあ、自分が情報を漏えいさせることを前提に上司と話をするのは難しいものもありますが「念のため、知っておいてください」と、自分の持つ情報のタイプと量を知らせておくだけでも、万一の場合の初動は変わりますし、情報の保管についてもよいアドバイスがもらえるかもしれません。

　いずれにせよ、ポイントは"転ばぬ先の杖"です。情報漏えいは今やどこの誰にでも起き得る悲劇です。自分は関係ないとタカを括らずに、ぜひ真剣に考えてみてください。

　さて、3つの章にわたって「情報漏えいへの備え」についてお話ししました。なかなか実現が難しいかもしれませんが、これを機に一度、考えていただければと思います。次章では、やはり情報保護絡みの話をさせていただきます。「漏えいへの備え」とは少し違う場面を想定していますが、ITベンダにシステムの開発や保守を依頼する際にやっていただきたい「情報保護計画の策定」についてお話ししたいと思います。

第 14 章

ソフトウェアの著作権は
誰のものか（1）

第14章　ソフトウェアの著作権は誰のものか（1）

　本章～第16章までは、ベンダに依頼して作成した「ソフトウェアの権利」について紹介していきます。本章はその導入として裁判所の判例をもとに、著作権についての裁判所の基本的な考え方について解説していきます。

　裁判所には、作成したプログラムの著作権の問題など、ソフトウェアの権利に関する紛争が多く持ち込まれます。
　「開発委託契約で作ってもらったプログラムのソースコードを受託者が渡してくれない。これでは今後のメンテナンスもできないじゃないか」と委託者が訴え、ソースコードを渡してしまうと、それをもとにちょっとした改造を加えた程度で再販等されてしまう危険がある。著作権の観点から見ても、ソースコードを渡すことはできないと受託者が反論する──こんな事例がたくさんあるわけです。
　他のソフトウェア紛争事例と違って、ソフトウェアの権利に関する紛争は、どちらかがやるべきことを怠ったために、どちらかが損害を被ったというような類のものではありませんし、明確に責任をとるべき人間がいる紛争でもありませんので、当事者同士が話し合っても、平行線のまま歩み寄れない場合も多く、客観的な判断を求めて裁判所までやってきてしまうことが案外多いようです。
　では、紛争を持ち込まれた裁判所は、どんな判断をしているのでしょうか。いくつかの判例を見る限り、裁判所の判断は比較的シンプルというか原則に基づいてバッサリと判断してしまっているというのが私の感想です。
　ソフトウェアの著作権等の諸権利については、これから数回に分けてご紹介させていただきますが、本章ではその導入として、裁判所がシンプルな考え方に基づいて判断した例をご紹介したいと思います。著作権についての裁判所の基本的な考え方をご理解いただければと思います。

契約書等で特別に取り決めのない場合のソースコードの著作権

　ご紹介するのは、契約書等で特に諸権利について定めのない場合のソースコードの著作権についての判例です。ソフトウェア開発委託契約（請負

第14章　ソフトウェアの著作権は誰のものか（1）

契約）で作成したソースコードの著作権は委託者と受託者のどちらにある
のでしょうか。

（大阪地方裁判所　平成 26 年 6 月 12 日判決より抜粋・要約）

　あるソフトウェア開発業者が、出版社からテスト用ソフトウェアの
開発を請け負い、ソフトウェア開発委託契約に基づいて開発を行い納
品した。

　ところが、その後、ソフトウェア開発業者は、開発業を廃業するこ
ととなった。そのため、出版社は、その後のソフトウェアメンテナン
スのためにソースコードの引き渡しを求めたが、ソフトウェア開発業
者はこれを断った。出版社は、これに対し、ソフトウェア開発業者が
契約に定める義務を怠ったとし損害賠償を請求し、訴訟となった。

　実際、この出版社は困ったでしょうね。現実に使っているソフトウェア
のメンテナンスが今後できなくなるというわけですから。ソフトウェア開
発業者の方も廃業をしてしまうならソースコードを引き渡してしまえばよ
いとも思うのですが、なぜ引き渡さなかったのかは私にもよくわかりま
せん。

　それはともかく、この契約では開発の完了後、納品物にソースコードを
含めるか否かについて、特に決めていなかったようです。そのことを踏ま
えて、裁判所はソフトウェア開発業者がソースコードを渡すべきだったか
どうかを、その著作権がどちらにあるかによって判断しています。以下の
通りです。

（大阪地方裁判所　平成 26 年 6 月 12 日判決より抜粋・要約）〈続き〉

　（本件は開発では、）ソフトウェア開発業者が、本件ソースコード
を制作したものであり、本件ソースコードの著作権は原始的にソフト
ウェア開発業者に帰属していると認めることができる。（中略）

99

第14章　ソフトウェアの著作権は誰のものか（1）

> 　その一方で、見積書等、出版社とソフトウェア開発業者との間で取り交わされた書面において、本件ソフトウェアや本件ソースコードの著作権の移転について定めたものは何ら存在しない。（中略）
>
> 　また、出版社は、ソフトウェア開発業者に対し、本件ソースコードの提供を求めたことがなかっただけでなく、（中略）本件ソースコードの提供ができるかどうか問い合わせているのであり、出版社担当者も、上記提供が契約上の義務でなかったと認識していたと言える。（中略）
>
> 　以上によると、ソフトウェア開発業者が、出版社に対し、本件ソースコードの著作権を譲渡したり、その引き渡しをしたりすることを合意したと認めることはできず、むしろ、そのような合意はなかったと認めるのが相当である。

　まるでソフトウェアの著作権についての入門書に出てきそうなくらい、シンプルに著作権の帰属を判断する条件を述べた判決です。まず、①ソースコードの著作権は原始的に（つまり、特別な約束事がなければ）制作者に帰属する。そして、②著作権を委託者（この場合は出版社）に移転したければ、その旨を書面等を取り交わすなどして、両者が合意する必要がある、ということです。

　当たり前といえば、当たり前の考え方です。この例では受託者がベンダで、委託者がユーザという構図ですから、何だか意地悪な判決にも見えてしまいますが、これがたとえば、元請のソフトウェア業者と下請のソフトウェア業者であるとするなら、下請が作ったものを元請が勝手に流用して利益を上げたり、下請の担当者の個性や独自の工夫を無断で利用したりと言ったことを防ぐためには、著作権は原始的には制作者のもので、特に約束がなければソースコードを渡す必要はないとしたこの判例は、それなりに合理的と考えることもできます。

第14章　ソフトウェアの著作権は誰のものか（1）

ソースコードをもらうには契約が必要

　この判例のように、ユーザがメンテナンスのためにソースコードの譲渡を受けたいと考えるなら、最初から契約書にその旨を記しておくべきでした。

　「最初から全ての権利はユーザに帰属する」と書けるなら、こうした争いは起きようがありません。もしベンダが「保守やメンテナンスは自分達がやるから、ソースコードは渡したくない」と言うなら、「保守契約が終了するときには、ソースコードを譲渡する」という条文を契約書内の著作権の項に記すのもよいかもしれません。このあたりは次章以降、もう少し詳しくお話ししたいと思います。

　また、場合によっては、ユーザが自分達こそ著作者だと主張するケースもあります。たとえばソフトウェアを作るにあたって、その企画や実現方式、設計についてユーザが発案し、プログラム等にユーザの独自性が見られるような場合です。

　私が社会人になって初めて作ったプログラムは、ある証券会社向けに作った印鑑照合システムの一部でしたが、このシステムを最初に企画したのはユーザである証券会社であり、システムの実現方式についても、この会社がいろいろとアイディアを出しました。

　これについては、ユーザも今回の判例のように、「ソースコードの著作権は制作者であるベンダのもの」と割り切られたのでは、納得いかないでしょう。この印鑑照合システムでは、「ソースコードはユーザにあげます。その代わりベンダは、このプログラムを流用、改造して他のお客さんにも売らせてもらいます」という主旨のことを契約書に記し、円満に合意しました。

　とにかく、著作権については、その権利関係を忘れずに文書化しておくことです。確かに、私の経験でも著作権を巡って、ユーザとベンダがなかなか合意できずに、契約するのに大変な苦労をしたプロジェクトもありました。しかし、このあたりがあいまいなままではプロジェクトの終盤、あるいは本稼動後にもっと、大きな苦労を背負い込むことになりますので、合意すべきところは合意してから開発に着手すべきでしょう。

101

第 15 章

ソフトウェアの著作権は
誰のものか（2）

第15章　ソフトウェアの著作権は誰のものか（2）

　前章から、ソフトウェアの著作権についてお話をしています。ユーザがベンダに依頼してソフトウェアを作ってもらった場合、その著作権は原始的には制作者であるベンダにあり、ユーザがそれをコピーして配布したり、それを利用して別のソフトを作って販売したりする場合には、別途、契約すべきであるというお話をしました。ソフトウェアの著作権については、紛争になる例も多く、非常に重要なテーマになるので、これから数章に分けてお話ししたいと思いますが、本章では前提知識として、そもそもソフトウェアの著作権とはどういう条件で認められるものなのかについて解説したいと思います。

　この話については、私自身もあちらこちらで話したり書いたりしており、既にご存じの方もいらっしゃるかとは思いますが、大切な基本でもありますので、改めてご紹介させていただきます。

著作権法

　まずは、日本における著作権の根拠である著作権法の条文からご覧ください。著作権が認められる、いわゆる著作物とはどういうものなのかについては、その第2条に定められています。

【著作権法第2条より抜粋】

　この法律において、次の各号に掲げる用語の意義は、当該各号に定めるところによる。

　一　著作物思想又は感情を創作的に表現したものであって、文芸、学術、美術又は音楽の範囲に属するものをいう。

　十の二　プログラム　電子計算機を機能させて一の結果を得ることができるようにこれに対する指令を組み合わせたものとして表現したものをいう。

　十の三　データベース　論文、数値、図形その他の情報の集合物であって、それらの情報を電子計算機を用いて検索することができるように体系的に構成したものをいう。

104

第15章　ソフトウェアの著作権は誰のものか（2）

　まず、「一　著作物」の条文で、そもそも著作物になるのは、「思想又は感情を創作的に表現したもの」と定めています。これだけを見ると、この法律が対象とするのは小説や絵画、彫刻や音楽あるいは学術論文を対象としているだけのもののようにも読めてしまいますね。しかし、「十の二」「十の三」を見ると、プログラムやデータベースも著作物になり得ると書いています。長いので引用しませんでしたが、これ以外にもネットワークシステムやセキュリティシステムが該当しそうな条文もあります。また、条文にはプログラムやデータベースといった、最終成果物に近いものだけが明記されていますが、いくつかの判例を見ると、これらを作成するための設計書も一応、著作物とはなり得るようです。

　この法律の制定は古く、IT に関する条文は後から付け足されたようなので、このようにやや解釈が難しい形になってしまっていますが、要は ITの設計書やプログラム、データベース等も著作物の候補にはなるとご理解ください。

思想又は感情を創作的に表現？

　とはいえ、ソフトウェアのことを念頭にこの条文を読んだ方は、最初の「一　著作物」のところで頭の中にクエスチョンマークが浮かんだかもしれませんね。私も長年、ソフトウェア開発に携わってきましたが、自分の思いや喜怒哀楽を込めたプログラムやデータベースなどというものは見たことがありません。感動的なストーリーを持ったゲームソフトというのもあるかもしれませんが、それは、ストーリー自体のことであって、"dim"とか"class"といった無味乾燥な文字列が並ぶプログラムの話ではありません。これを厳密に当てはめると、世の中に著作物として保護されるソフトウェアなどというものはなくなってしまいます。

　先ほど申し上げた通り、著作権法の制定は古く、その制定は 1970 年のことです（著作権法自体は、明治初頭に制定されていましたが現在のものとは異なっており、旧著作権法とも呼ばれるようです）。1970 年といえば、まだまだコンピュータ自体がめずらしい時代で、ソフトウェアはハードウェアのおまけ程度にしか考えられていない時代でした。法律ができたときには、全く意識されていなかったものを逆に適用しようというわけですから、一筋縄ではいきません。

第15章　ソフトウェアの著作権は誰のものか（2）

　なので、裁判所がソフトウェアの著作権について判断をするときには、多少、解釈を拡大する形で行うようです。そんな例を以下に記します。ソフトウェアの画面設計について、著作権が争われた裁判（東京地裁　平成16年6月30日判決）ですが、裁判所は以下のようなことを述べてソフトウェアの著作権の解釈を拡大しています。

（東京地裁　平成16年6月30日判決より抜粋）

　創作的に表現されたと言うためには、厳密な意味で、独創性を発揮されたものであることが求められるものではなく、制作者の何らかの個性が表現されたものであれば足りるというべきである。

　「何らかの個性」をどのように解釈するかはケースバイケースかもしれませんが、裁判所がこのような判断をしたことで、ソフトウェアが著作物と認められる余地が随分と広がりました（読んでいて、涙を流すようなソースコードでなくてもよいわけです）。この「何らかの個性」という言葉は、ソフトウェアの著作権を巡る、他の裁判でも度々、見かけることがあります。

「委託者が一緒に開発したんだ」と言っても……

　裁判所のこうした判断は、ITベンダにとって歓迎すべきことかもしれません。自分が頭をひねり、一生懸命に工夫して作ったソフトウェアをユーザが、「著作物じゃないから」と勝手にコピーして配ったり、改造して売ったりすることを防げる可能性が広がったわけですから。

　一方ユーザ側にとっては、面白くない判断かもしれませんね。本当にベンダに任せきりならまだしも、たとえばカスタム開発のソフトウェアは、ユーザの協力があって初めてできあがるものです。ユーザは、ソフトウェアにどんな機能や性能を持たせたらよいかを検討して定義する要件定義をしたり、画面やデータベースの設計にアイディアを出したりすることもあ

第15章　ソフトウェアの著作権は誰のものか（2）

ります。場合によっては、プログラムの処理方式をベンダに逆提案する
ユーザもいるくらいです。それこそ、「個性を発揮しているのは自分達の
方だ」と言いたくなるかもしれません。

　しかし裁判所は、著作権は実際に手を動かして作った人のものと考える
ようで、以下のような判例を出しています。この判決は、ソフトウェア開
発の元請と下請の間の紛争で、「ユーザ vs ベンダ」の図式をとってはいま
せんが、各々を「委託者」「受託者」と読み替えていただければ、同じ意味
合いになると思います。

（大阪地方裁判所　平成14年8月29日判決より抜粋・要約）

　あるソフトウェア開発の下請業者が、元請業者に委託されたソフト
ウェアを開発し納品した。ところが、この両者は仕様変更で発生した
追加費用を巡り対立してしまい、元請業者は下請業者に追加費用を払
わなかった。

　これに対抗するため、下請業者は、開発したソフトウェアを単独で
複製し、外部に販売したが、元請業者は、「自分達も基本設計段階か
ら下請業者と共同で設計に携わったのだから、ソフトウェアは共同著
作物である」と主張して、下請業者による単独の複製・販売の差止め
を求めて裁判となった。

　「追加費用の支払い」という別の争点を含んでしまっているため、若干
わかりにくいのですが、要は要件定義と一部設計に参加した発注者にも著
作権が認められるかという問題です。これについて裁判所は、以下のよう
な判決を出しています。

107

第15章　ソフトウェアの著作権は誰のものか（2）

> **（大阪地方裁判所　平成14年8月29日判決より抜粋・要約）〈続き〉**
>
> 　元請業者は要件定義及び外部設計段階で開発委託者としての要望を述べたに過ぎないので、本件ソフトの著作権は、原則的には下請業者だけに帰属する。

　元請業者が要件定義と設計の一部について共同作業をしたことは、おそらく事実でしょう。しかし裁判所は、元請業者に著作権を認めませんでした。「要望を述べたに過ぎない」とは、あまりの言い分という気もしますが、現実に、要件定義書、設計書、プログラムといった成果物を、手を動かして作ったのが下請業者であったことを判断材料としたと思われます。このことは、元請業者がユーザに置き換わっても同じでしょう。

　もちろん、こうした判断はケースバイケースで、いつもこうなるとは限りません。しかし、他の判例を見ても、やはり著作権は実際にモノを作った人に原始的に帰属するという考えは変わらないようです。私も何冊か本を出しましたが、原稿を書くにあたって、編集担当者にさまざまなアドバイスをもらうことがあります。中には非常に的確なアドバイスも多く、自分一人では書けなかったろうと思う文章がいくつもあります。しかし、それでもできあがった文章の著作権は私にあります。著作権は、あくまで手を動かしてモノを作った側のモノと考えた方がよさそうです（ただし、企業に勤める社員が、業務で作った成果物に関しては、通常、著作権は企業に帰属すると考えられています。そのことについては、いずれ、機会があれば、お話ししたいと思います）。

　ユーザは、お金を出しても、手伝っても、それだけでは著作権を主張することは困難ということでしょう。

第16章

ソフトウェアの著作権は
誰のものか（3）

本章でもソフトウェアの著作権についてお話をしたいと思います。前章では、著作権法の条文から、そもそもITの設計書やプログラムが著作物として認められる条件とは、どのようなものであるかについて、お話ししました。本章では、その続きとして、著作物と認められたプログラムの所有権に関する判例をご紹介したいと思います。

　著作権は原則として、著作者つまり、モノを書いたり作ったりした人（あるいは組織）に帰属するものであることは間違いありません。コンピュータのプログラムであれば、それを作ったプログラマかベンダ企業に属します。しかし、いくら著作権があるといっても、そのソースコードの所有権はどうでしょうか。ユーザ企業からの依頼を受けて、プログラムを作成したベンダ企業にはプログラムのソースコードを引き渡す義務があるのでしょうか。ごく基本的なことなのですが、これについては誤解されている方も多いようですので、あえて取り上げさせていただきます。

ソースコードがどちらのものかについて争われた事例

　まずは、以下の判例からご覧ください。読者の皆さんは、どのように考えるでしょうか。

（大阪地方裁判所　平成26年6月12日判決より抜粋・要約）

　あるソフトウェア開発業者が、出版社からソフトウェア開発委託契約に基づいてソフトウェアの開発を受託し、初期開発と、その後の改訂の費用、合計約500万円の支払いを受けた。この際、ソフト開発業者は、ソフトウェアのソースコードを納品しなかった（このソフトウェアについては、稼動の保守作業についても、ソフトウェア開発業者が行うこととなっていた）。

　ところが、その後、このソフトウェア開発業者が廃業をすることとなり、出版社は、今後の保守作業のため、ソフトウェアのソースコー

第16章　ソフトウェアの著作権は誰のものか（3）

> ドの引き渡しを求めたところ、ソフトウェア開発業者はこれに応じな
> かった。
> 　これに対して出版社は、ソフトウェア開発業者が、契約に定める義
> 務を怠ったとして、約580万円の損害賠償を求め、裁判となった。

　コンピュータのプログラムのうち、Java言語やC、C++、C#等といっ
た、いわゆる高等言語で記述されるものは、プログラマが作ったプログラ
ムを機械語にいったん翻訳するなどしないとコンピュータ上では動作しま
せん。このプログラマが作っただけの状態のものをソースコード、機械語
に翻訳する等の作業をして、実際に動く形になったものをオブジェクトプ
ログラムと呼びます。

　実際にコンピュータ上で動くのはオブジェクトプログラムですから、
ユーザ企業はこれさえ受け取っておけば、とりあえず事は足ります。しか
し、この訴訟の例にもある通り、ソフトウェアというものは、一度納品さ
れた後も、さまざまな修正や改訂が行われます。その際には、ソースプロ
グラムを再度書き直す必要がありますので、ソースコードが手元にないの
はユーザにとってとても困ったことになります。

　一方で、ベンダの側から見ると、自分達の著作物であるソースコードを
他人に渡してしまうことには抵抗があります。自分達が一生懸命にアイ
ディアを考え、工夫をしたプログラムがユーザ企業からさらに他者（たと
えば競合するベンダ企業）に流れ、流用されたりすることがあるから
です。

　この件では前述の通り、ソフトウェア開発業者はソースを渡さず、その
代わりに自分達でプログラムの保守を行うことで、自分達の著作物を守り
つつ、ユーザにも不便はかけないという方針をとったようです。

著作物の所有権についての裁判所の判断

　しかし、残念ながら、このソフトウェア開発業者は廃業をすることとな
りました。こうなればユーザ企業としては、今後の保守をするためにソー
スコードの引き渡しを求めます。ただし、この件では契約書がきちんと作

111

られておらず、契約内容は発注書に記されている程度でした。そこには、作成したソースコードの引き渡しについては特に書かれていません。

　さて、皆さんは、どのように考えるでしょうか？　契約書にないのだから、ベンダはソースを渡す必要がないでしょうか？　それとも、そもそも、プログラムの開発委託には当然（特段の取り決めがなくても）ソースプログラムの引き渡しが含まれるのでしょうか。大阪地裁では以下のような判決が出ています。

（大阪地方裁判所　平成26年6月12日判決より抜粋・要約）〈続き〉

　本件ソースコードの著作権は原始的にソフトウェア開発業者に帰属していると認めることができる。

　その一方で、見積書等、出版社とソフトウェア開発業者との間で取り交わされた書面において、本件ソフトウェアや本件ソースコードの著作権の移転について定めたものは何ら存在しない。

　（そして、）ソフトウェア開発業者は、出版社に対し、本件ソースコードの開示や引き渡しをしたことはなく、ソフトウェア開発業者から本件ソースコードの引き渡しを求められたが、これに応じていない。

　また、出版社にしても、平成23年11月に至るまで、（中略）ソースコードの提供を求めたことがなかっただけでなく、本件ソースコードの提供ができるかどうか問い合わせているのであり、（中略）上記（ソースコードの）提供が契約上の義務でなかったと認識していたと言える。

　（中略）

　本件ソースコードの著作権を譲渡したり、その引き渡しをしたりすることを合意したと認めることはできず、むしろ、そのような合意はなかったと認めるのが相当である。

　少し、長い引用になりましたが、内容はシンプルです。契約書に記しておらず、契約書以外でも双方が承知していなかった以上、著作権を移転していないソースコード引き渡しの義務はないということです。

第16章　ソフトウェアの著作権は誰のものか（3）

　要するに、ソースの引き渡しをしてほしいなら著作権の移転について記した契約書を作成し、双方が合意しなければいけないというわけです。実にシンプルなことですが、ユーザ企業の方の中には、開発委託したからにはソースコードも当然自分達のものになるとお考えの方も少なくないようですので、ご注意ください。

インタープリタ言語の場合はどうか

　最後に1つ補足をさせていただくと、作成したプログラムが前述した機械語への翻訳等を行わない言語の場合、（Visual Basic や html、Java Script 等）についてはどうでしょうか。残念ながら、これについての判例を私は知りません。しかし、これらの言語の場合、ソースプログラム＝オブジェクトプログラム＝納品物と考えるのが普通ですので、著作権の移転をしなくても、引き渡しをベンダに求めることができると考えられそうです。

　とはいえ、本章の例や、他のIT判例にも多く見られるように、きちんとした契約書を作成していないことが問題の根本にあります。当たり前と思うことでも、全て契約書に書き込んで合意を得るに越したことはありません。

第17章

民法改正で変わるITの請負開発

第17章　民法改正で変わるITの請負開発

　本書の読者の皆さんであれば、IT開発をベンダに依頼するとき、その多くが「請負契約」であることをご存じかもしれません（もちろん、知っていなくても、本章を読むことはできますので、ご安心ください）。

請負契約の責任

　「請負契約」というのは、受注者が仕事の"完成"を請け負う契約形態で、発注者に代わって行った作業に対して費用を支払う「準委任契約」とは、その責任や、報酬支払いの対象となる成果物が異なります。IT開発で言えば、発注者に変わって要件定義書や設計書を作りさえすれば（もちろん、どんないい加減なモノを作っても構わないとはなりませんが）、受注者は、その作業に応じた報酬を請求できるのが「準委任契約」であるのに対し「請負契約」では、設計書やプログラムあるいはシステム全体が発注者の希望を満たすものであること、契約の目的に資するものであることが求められます。その成果物を作るのに受注者がどれほど時間と工数をかけようと（あるいは、かけまいと）、成果物が9割方できていようと、契約した成果物を、納期とコストを守って作らないと報酬の請求ができないのが原則です。

民法改正による「請負契約」の変化

　ところがここに来て、その考えを大きく変えなければならない民法の改正がなされる気配になってきました。請負契約関連の改正を含むその法案は、2017年度の国会で可決され、2019年頃に施行される見込みのようです。

　請負契約の何が変わるのか。簡単に言えばシステム全体が完成しない場合でも受注者は、そこまでに作った成果物（要件定義書、設計書、プログラム等）に応じて、報酬を請求できる可能性が出てきました。発注者から見れば、契約ではシステムを完成してくれるはずだったのに、何らかの理由で作業が設計段階で止まってしまい、そのまま契約が解除となった場合でも、ユーザ側に一定の支払い義務が発生する。そんな解釈ができる条文が第634条に書き込まれました。ちょっと見てみましょう。

116

第17章　民法改正で変わるITの請負開発

注文者が受ける利益の割合に応じた報酬

第六百三十四条

　次に掲げる場合において、請負人が既にした仕事の結果のうち可分な部分の給付によって注文者が利益を受けるときは、その部分を仕事の完成と見なす。この場合において、請負人は、注文者が受ける利益の割合に応じて報酬を請求することができる。
　一　注文者の責めに帰することができない事由によって仕事を完成することができなくなったとき。
　二　請負が仕事の完成前に解除されたとき。

　この条文を見ると、ベンダが「仕事の結果のうち可分な部分の給付」を行って、それが「注文者の利益」になるなら、その分の報酬を請求できると言っています。全部を完成させなくても費用の請求ができるわけです。しかも、この条文は、発注者に非がなく契約が解除されたときに適用されると書いてあります。要件定義からテストまで全行程をやってくれるはずだったベンダが、ユーザに非はないのに仕事を要件定義だけで止めてしまっても、要件定義書自体が役に立つものなら、その分の報酬を請求されるということになります。

　IT開発の経験がない方からすると、この考え方も、ある程度仕方ないと思われるかもしれません。元ベンダが置いておいていった要件定義書をもとに別のベンダが作ってくれるなら、結果としてシステムはできあがるのでは？との考えもあるでしょう。確かに、そのように綺麗にいく場合もないわけではありません。しかし多くの場合、そう簡単ではありません。元ベンダの作った要件定義書を他のベンダに見せた場合、まずそれを正しく理解してもらうために、それなりの時間と工数が必要になります。ただ、読んで理解するにも苦労をしますが、そもそも、自分で後続の工程を実施しようとした元ベンダの作った要件定義書は言葉の定義が足りなかったり、理解するのに前提知識が必要だったり、あるいは、「自分達が作るんだから、書かなくてもいいや」と割愛した部分があり、なかなか理解で

117

第17章　民法改正で変わるITの請負開発

きないのです。まして、その記述に誤りがあれば、新しいベンダとユーザの苦労は並大抵ではありません。

　これが設計書になると、さらに苦労がまします。設計書はユーザの目を意識せずに書く部分もあり、自分達の知識レベルに合わせて書きますから、元ベンダにしかわからない書き方が強くなります。プログラムに至っては、きっと、最初から自分達で作った方が早いと、新ベンダも言うことでしょう。ITの世界では途中までの成果物を引き継ぐのは大変な作業ですし、新しいベンダを探して契約する期間も無視できません。そうした意味で、今回の改正は発注者にとって、ややリスクをはらんだものと言えるのかもしれません。

今までもあった「部分的な検収」の考え方

　もっとも、この「請負契約でも部分的に完成しているなら払ってあげなさい」という考え方は、改正以前から裁判所の判決の中に散見されるものでした。ちょっと下の裁判の例をご覧ください。これはユーザとベンダが正式契約を結ぶ前の事件ではありますが、「実質的には請負契約が成立している」と裁判所が認めていますので、「契約はあった」との前提で読んでみてください。

（東京地裁　平成19年10月31日判決より）

　あるスポーツ施設運営業者（以下、ユーザ）が会計システム開発をベンダに依頼した。開発は正式な契約の締結を待たず、実質的な請負契約として行われたが、要件定義工程が完了し、設計工程を実施している最中にスケジュール遅延が大きくなったため、プロジェクトは頓挫した。そこまでにベンダが作成した成果物は要件定義書と一部のデータベース設計書、画面設計書等であった。

　ユーザは、プロジェクト頓挫の原因がベンダの作業遅延にあるとして、228万円の損害賠償を求め（むろん、当初、予定していた費用の

118

支払いは行わない）が、ベンダは契約解消はユーザ企業の責めに帰すべき事由によるものであるとして約892万円の損害賠償を求めた。また、もしユーザの非が認められない場合でも、商法512条に基づく報酬請求権等があるとして同額の請求をした。

商法512条というのは、「商人がその営業の範囲内において他人のために行為をしたときは、相当な報酬を請求することができる」という法律です。とにかくお客さんのために働いたのなら、その分は請求できると定めており、現行の民法に定める「請負契約」との関係はどうなのかと少し疑問に思わないこともない条文ではありますが、とにかくベンダはこの法律に基づき、「自分達は約892万円分働いたので、その分を請求する」と言っています。

これについての裁判所の判断は以下の通りでした。

（東京地裁　平成19年10月31日判決より）〈続き〉

　ベンダは、ユーザとの間に新会計システムの開発製作に関わる請負契約は締結されなかったものの、ユーザの委託を受けて要件定義を確定し、本件契約を締結するための作業を行ったのであるから、商法512条に基づき相当額の報酬を受けるべき請求権を有するものというべきである。

　そして、その報酬額は、当事者の意思、実際に要した費用、行った業務の内容・程度等の諸般の事情を考慮して客観的に合理的な額が算定されるべきであるところ、本件においては、ユーザとベンダとの間で、（中略）請負金額を6800万円（消費税別）とし、このうち全体設計費用200万円、要件定義費用450万円とされていた（中略）、ベンダの報酬額としては、上記全体設計費用及び要件定義費用の合計額650万円（消費税別）の4分の1に消費税相当額を加算した170万6250円をもって相当とすべきである。

ご覧の通り、裁判所は全部とは言いませんが、ベンダが行った要件定義と設計の費用として約170万円の支払いをユーザに命じています。金額は

第17章　民法改正で変わるITの請負開発

小さいですが、請負契約であっても完成していないシステムに費用を支払う可能性があることはおわかりかと思います。補足して申し上げると、裁判所は判決においてベンダのプロジェクト管理等には不備があったと、かなり厳しく述べており、プロジェクト頓挫の原因もベンダ側にあるとしています。それでもユーザに費用の一部を支払うようにと命じているわけですから、この点、ユーザ企業はよくよく注意しなければならないということになります。

新しい「請負」の考え方に備えて

　裁判所がもともと、請負契約における一部支払いの考え方を持っており、かつ、民法も改正されるということになると、発注者であるユーザとしては作業中のプロジェクト中断に備えて手を打っておく必要があります。ベンダの作る成果物は個々にできあがったタイミングで納品させ、都度、確認することが理想的です。むろん、受注者であるベンダには、その成果物を他人が見てもわかるように作ることを命じ、たとえば、要件定義書には用語集をつけたり、“言わずもがな”のこともしっかりと書かせたりする必要が出てくるでしょうし、要件定義工程完了までに決められなかったことは、未決事項として管理し、その帳票も納品物とすべきでしょう。

　設計書についても、UMLのように、誰が見ても等しく理解できる様式を使用させ、実際には受け渡しが非常に困難ですが、テスト前のプログラムを受け取るなら、一定の書式を定めてコメントを入れさせるべきです。大変な作業になってしまいますので、ある程度の規模のシステムを導入するなら、こうした視点でベンダの成果物を検証できるコンサルタントを雇う必要も出てくるかもしれません。もちろん自社内でそうした人間を育てられればベストです。

　いずれにせよ、今回の民法改正は、発注者にとって多少厳しいものになるかもしれません。発注する立場の方は、IT開発の発注にあたって次章でお話しする「準委任契約」の採用も含め、契約の仕方を考えるときかもしれません。

120

第 18 章

民法改正で準委任契約も変わる

第18章　民法改正で準委任契約も変わる

　前章では、今年予定されている民法改正の中でも今後のIT開発契約に大きな影響を与えると思われる請負契約の変更について書きました。今までは受注者が完成した成果物を納品することでのみ支払いを受けられるとしていた請負契約が、部分的な納品でも代金を請求できるようになったことは、ユーザにとってもベンダにとっても契約についての考えを改めなければならない"事件"かもしれません。

準委任契約とは

　本章では、請負契約と並び、IT開発でよく行われる準委任契約の変更について解説したいと思います。準委任契約について、新しい民法では今まで明文化されていなかった"仕事の成果"に関する条項が追加されたのです。

　その説明をする前に、少しだけ準委任契約とは何かについて触れておきましょう。そもそも準委任契約とは、発注者が受注者に事務を委託するものです。「ソフトウェア等の成果物を作ってあげる」のではなく、発注者がソフトウェアを作るのを「代わってやってあげる」という意味合いの契約です。よく似ているようにも思えますが、両者は受注者が何の対価としてお金をもらうのかという点が異なります。請負契約では、納品物は仕事の成果物になります。IT開発ならプログラムや設計書が成果物になるのですが、モノさえ渡せば、それを、どこでどのように作っても問題はありません。一方、準委任契約では、代わりに作業をしてあげるというサービス自体が費用請求の対象になります。IT開発において、本来はユーザが作るべき要件定義書をベンダが代わって作ってあげるような場合は、準委任契約になることが多いようです。受注者は発注者の指示に基づき、主として専門性の高い仕事を代わってあげることになり、支払いの対象は受注者の工数や時間だったりするわけです。

　簡単に言えば、請負代金を受け取るには成果物が必要であり、準委任契約でお金をもらうには、仕事をしてあげた事実が必要ということでした。

122

第18章　民法改正で準委任契約も変わる

準委任契約にも"成果"に関する条項が追加

　ところが、今回の民法改正では、この考え方が少し変わっているようです。委任契約（ここでは準委任契約も同じと考えてください）について定めた民法第六百四十八条に以下のような条文が新しく追加されたのです。

（成果等に対する報酬）

　第六百四十八条の二　委託事務の履行により得られる成果に対して報酬を支払うことを約した場合において、その成果が引き渡しを要するときは、報酬は、その成果の引き渡しと同時に、支払われなければならない。

　後半の「同時に、支払われなければ……」という部分についてはいろいろとエクスキューズがあるようで、本当に同時でなくてもよいようですが、問題は、委任契約（準委任契約）のことを定めた法律に、「成果等の引き渡し」という言葉が出てきたことです。今まで準委任契約と言えば一定のスキルを持った人間が発注者の指揮命令のもと、働いた時間（工数）に対して費用を支払っていましたが、新しい民法では、それ以外に働いた成果に対して費用を支払うという選択肢ができたことになります。「成果」という言葉の解釈もいろいろありそうですが、従来の請負契約で見られた「成果物」もこの中に含まれると考えられ、「今回の契約は時間ではなく作ってくれたプログラムにお金を払うようにしよう」という契約を準委任で結べることになります。

準委任契約と請負の区別はどこで？

　こうなってくると、請負と準委任の境目がどこにあるのかわかりにくくなったと感じる読者もいるかもしれませんね。前章でお話ししたように新しい民法では、請負契約なのに未完成の成果物に費用を払う場合が出てく

123

第18章　民法改正で準委任契約も変わる

る一方、今回のように準委任契約なのに、受注者に成果物の完成を求めることが可能になってきたわけです。この2つの契約の区別は、どこでつけるのでしょうか？　考え方はいくつかあるかもしれませんが、ここでは主に2つの点についてお話ししましょう。

まずは指揮命令系統です。請負の場合、さまざまな作業指示は受注者内部で行われ、発注者は原則的に何の作業指示も行わず、プロジェクトに問題があっても是正指示を出すこともありません。とにかく期限までにきちんとした成果物の引き渡しを求めるだけで、あとはベンダの責任です。一方、準委任契約では指示を発注者が行います。発注者は受注者に対して期間内に作業を完成させてもらうために必要な指示を与え、何か問題がある場合には、作業方法を見直させる等の管理も行うことになります。

もう1つの違いは瑕疵担保責任です。今回の改正で、請負契約の瑕疵担保責任の期間についての考え方が変わりましたが、納品物に何らかの瑕疵があったとき、受注者には無償でこれを補修する責任があることには変わりはありません。しかし準委任の場合、引き渡した成果等に対して、この考え方は規定されておらず、もし後になってプログラムに問題が見つかっても、受注者が無償で補修する責任はないわけです。このあたりは特に発注者であるユーザに注意が必要でしょう。同じように成果物の引き渡しが支払い条件になるとしても、請負の場合はその品質の責任はベンダが負い、準委任はユーザが負います。もちろん、このことは、ベンダがしかるべきスキルを持つ人間を出し、その人間が十分な専門性を生かし、きちんと作業をすることが前提ですが、請負と混同して、「欠陥があるから払わないよ」というわけにはいかないのです（少なくとも法律上では）。

つまり、準委任契約における「成果等」とは、請負と異なり、きちんと作業をしたエビデンスであり、作業報告書の代わり程度のものだと考えた方がよいでしょう。

法律が現実に追いついてきた？

さて、このように新しい民法では契約のタイプの考え方が変わることになりそうです。ただ、今までIT開発プロジェクトを経験してきた身からすると、今回の準委任契約に関する変更も、実は従来、自分達がやってきたこととあまり変化がないというのが率直な感想です。

124

第18章　民法改正で準委任契約も変わる

　私はITベンダ側、つまり受注者として作業をすることが多かったのですが、契約上は準委任でも、結局のところ、単に何時間働いたという事実だけではお金をもらえず、その時間を利用して作った設計書やプログラムの品質に問題があれば、時間を超えて作業をしてお客さんの受入検査を通って、初めて仕事の完成を迎えるといったことが当然でした。もちろん作ったプログラムにバグがあれば、何年後でも無償で補修しに行きます。

　そう考えると今回の改正も前章の請負契約と同じく、IT開発の現実に法律が寄ってきたと考えるのが妥当なようです。

　実際のところ、これまでの裁判でも成果物のある準委任契約という考え方はありました。以下のような例です。

（東京地方裁判所　平成24年3月14日判決より）

　あるユーザが既存システムの刷新のため、システム移行について調査する契約をベンダと結びました。契約書には請負か準委任であるかは明記していませんが、成果物として調査報告書を提出することは両者で合意していました。

　しかし、ベンダが行った調査とその結果報告に不満だったユーザは「本件システム移行調査契約は請負契約であって仕事が未完成であるから支払わない」と述べ、支払い拒絶した。

　ユーザは、この契約は成果物の引き渡しを前提としているから請負である。そうである以上、その品質に問題があれば費用を払う必要はないと言っています。ところがベンダの方は、この契約は調査であるから準委任であり、費やした工数の分は払ってもらうと費用を請求しました。

　つまり、本章で紹介したような「成果物ありの準委任契約」という考えを裁判所が認めるかが問題になったわけです。これについて裁判所は、以下のような判決を下しました。

> **（東京地方裁判所　平成24年3月14日判決より）〈続き〉**
>
> 　本件システム移行調査契約の法的性格を検討するに、（中略）業務委託個別契約書上も就業人員、就業時間、作業場所、委託期限の延長等が規定され、委託料が月額で定められていることなどに照らしても、本件システム移行調査契約は、仕事の完成・引き渡し自体を目的とする請負契約ではなく、（中略）準委任契約と解される。

　ご覧の通り、裁判所は、この契約を準委任契約と判断し、ユーザに支払いを命じました。「調査報告」という成果物があることは承知の上で準委任としたのです。ここでは調査報告書を例示しましたが、たとえば、よく準委任契約で作成する要件定義書についても、こうした考えを当てはめることができるかと思います。

双方が誤解しないためには契約書

　今までも、IT開発契約が準委任か請負かということで争われた裁判はいくつもありました。今回の民法改正で、一見、境界線がわかりにくくなったことを考えると、こうしたことを争うケースは今後も増えこそすれ、なくならないかもしれません。

　こうした争いを避けるためには、やはり新しい民法を踏まえながらも、それだけに頼らず、ユーザとベンダが、作業の性質と成果、そして検収の条件をきちんと定めた契約書を交わして作業を行うことでしょう。両者が、しかるべき形で合意した契約があれば、民法がどのように変わろうともあまり影響はありません。

第 **19** 章

民法改正で変わる瑕疵担保責任の
考え方

第19章　民法改正で変わる瑕疵担保責任の考え方

　第17章、第18章と、今年予定されている民法改正のお話をしてきました。請負契約では、たとえ成果物が完成しなくても、そこまでに作った成果物が発注者の役に立つならその割合に応じて受注者は費用を請求できる。準委任契約であっても、成果物の引き渡しを支払いの条件とすることも可能になる。読者の皆さんにとって、今回の改正は好都合なものでしょうか？　それとも、ちょっと困ったなあとお感じでしょうか。いずれにせよ、今まで使ってきた契約書のひな形などがあるなら、もう一度見直した方がよいかもしれませんね。

瑕疵担保責任とは

　さて、本章では一連の民法改正のお話の最終回、瑕疵担保責任についての考え方が変わったことについてお話ししたいと思います。瑕疵担保責任という言葉については、既にご存じの方も多いかと思います。受注者が請負契約に基づいて作った成果物に瑕疵、システム開発で言えばバグ等の不具合が見つかった場合、発注者は契約を解除することも可能だし、そうまでしなくても、受注者にその補修や損害賠償を請求することができるというものです。今までの民法では以下のように規定されていました。

第六百三十五条
　仕事の目的物に瑕疵があり、そのために契約をした目的を達することができないときは、注文者は、契約の解除をすることができる。（後略）

第六百三十七条
　前三条の規定による瑕疵の修補又は損害賠償の請求及び契約の解除は、仕事の目的物を引き渡したときから一年以内にしなければならない。（後略）

　ちょっと注意が必要なのは、この瑕疵担保責任が適用されるのは瑕疵が契約の目的を達成できないような重大なものに限られるということです。我慢すれば使えないこともなく、すぐに補修できるようなシステムの画面

128

に記載した文言の誤字や、ちょっとしたレイアウトのミス程度のものは、こうした瑕疵担保責任の対象とはなりにくいと考えられます。

そしてもう1つの着目点は、瑕疵担保責任の期限です。発注者、つまりユーザがベンダに瑕疵の修補や損害賠償、あるいは契約解除を求めることができるのは、納品後1年以内に限られていました。

たとえば家を建てるとき、その家の床が傾いていたり壁に穴が開いていたりしていたら、その家には住むことができません。つまり、契約をした目的を達成できないような成果物です。そんな家を引き渡されれば当然、契約を解除するかタダで全部直してもらいますよね。そして、欠陥の中には、住んでみて初めてわかるものもあります。水道管から水が漏れる、ホルムアルデヒドが出てシックハウス症候群になってしまう。そうしたことは、建ててすぐには気づかないことも多いので、1年くらいは猶予を持っておこうというのがこの法律です。

現状のままでは、IT開発には合致しないところもある

ところが、IT開発の請負契約に、この法律をそのまま当てはめると、いくつか不便なことも出てきます。たとえば、「契約の目的を達成することのできないような……」とありますが、ITの場合、契約の目的を達成できないのが、必ずしも受注者であるベンダの責任ばかりとは言い切れない場合が、かなりあります。ユーザ側の要件定義は間違っていた、あるいは遅すぎた。ユーザから提供された各種情報に不足や間違いがあった。別システムと接続するシステムだったが、相手側の協力が得られずにうまくいかなかった等、必ずしもベンダに100%の責任を押し付けるわけにはいかない瑕疵もあります。古い民法ではこのあたりのことを、うまく説明できていません。

また、六百三十七条には、瑕疵の修補や損害賠償、契約解除を発注者が求めることができる期限を1年としています。よく契約書にも「瑕疵担保責任期間を1年とする」という文言を見ることができますが、それは、この条文に基づいて書かれているのでしょう。

第19章　民法改正で変わる瑕疵担保責任の考え方

　しかし、IT 開発に関して言えば、1 年というのは、いかにも短すぎます。使い始めてから 1 年を過ぎて見つかるバグや不具合など山のようにあるからです。なので、実際の現場ではこうした期限に関係なく、ベンダの技術者が納入後 2 〜 3 年経ったシステムのバグを無償で修理する姿をよく見ます。保守契約との関係もありますが、顧客満足度の点からも物を作った人間の責任感からも、そうせざるを得ないのが現実でしょう。

瑕疵担保責任に若干の制限が加わり、期限は無期限に

　そんなこともあってか、今回の民法改正ではこの瑕疵担保責任について、以下のような変更がなされることになりました。

（請負人の担保責任の制限）
　第六百三十六条　請負人が種類又は品質に関して契約の内容に適合しない仕事の目的物を注文者に引き渡したとき（中略）は、注文者は、注文者の供した材料の性質又は注文者の与えた指図によって生じた不適合を理由として、履行の追完の請求、報酬の減額の請求、損害賠償の請求及び契約の解除をすることができない。ただし、請負人がその材料又は指図が不適当であることを知りながら告げなかったときは、この限りでない。

（目的物の種類又は品質に関する担保責任の期間の制限）
　第六百三十七条　（前略）注文者がその（目的物の）不適合を知ったときから 1 年以内にその旨を請負人に通知しないときは、注文者は、その不適合を理由として、履行の追完の請求、報酬の減額の請求、損害賠償の請求及び契約の解除をすることができない。

　今回の改正案では、まず、成果物の瑕疵について「材料の性質又は注文者の与えた指図によって生じた不適合を理由として、履行の追完の請求、報酬の減額の請求、損害賠償の請求及び契約の解除をすることができな

い」と若干の制限を加えています。この文をIT開発に当てはめると、システムにバグ等の不具合があっても発注者側に一定の責任があるなら、損害賠償の請求や契約解除ができないと解釈することができそうです。落ち着いて考えてみれば当たり前のことなのですが、今までは、こうした制限は条文にありませんでした。この条文をIT開発に当てはめた判例は、当然のことながらまだありませんので、実際にIT訴訟がどう変わるのかはわかりませんが「注文者の供した材料の性質又は注文者の与えた指図」をIT開発に必要となるさまざまな情報と考えると、ユーザが誤った要件を提示したことによる瑕疵について、ユーザ側の責任が明確になるかもしれません。

　もっとわかりやすいのは、これまで成果物の引き渡し後一年とされていた瑕疵担保責任期間の考え方がなくなり、納品後、どれだけ経っても債務の履行（つまり、予定通り動くようにすること）や報酬の減額、損害賠償、契約解除を求められるようになったことです。条文はネガティブな書き方になっていますが、ひっくり返して読めばそのようになります。

　これだと、いったん入れたシステムについては、半永久的にベンダが待機していないといけないようにも見えますが、ITというのは概ね7年程度でライフサイクルを終えるものも多いので、半永久的とまではならないでしょうし、私自身の経験からしても導入して1年経ったら、もう後は知りませんという対応も少数派です。また納品時には、システムの修補も考慮に入れた保守契約を結ぶのが一般的ですから、現実的には、今とあまり変わりはないように思えるかもしれません。

ユーザとベンダ、それぞれに注意してもらいたいこと

　ベンダの方に注意していただきたいのは、この法案では、何年経っても損害賠償を請求される可能性があるということです。これまでは、一年経てばなくなっていた危険がずっと残り続けることになるのです。このあたりは保守契約で、無償保守期間と有償保守期間をきちんと定めて対応すべきでしょう。民法にはいつまでも無償で対応するように書いてあるように

第19章　民法改正で変わる瑕疵担保責任の考え方

読めるかもしれませんが、ユーザとベンダがきちんと話し合って合意した保守契約であれば、そちらの方が優先されます。

　一方、ユーザの方に注意していただきたいのは、やはり前者、つまりシステム開発においてベンダに対して、必要な情報を必要な時期までにきちんと提供することです。『紛争に学ぶ、ITユーザの心得【提案・開発・プロジェクト管理編】』の第1章、第2章では、システム開発におけるユーザの協力義務について書きましたが、お客様だからといって何もせずにベンダの作業完了をただ待っていると、新しい第六百三十六条を逆手にとられてベンダに逃げられてしまうばかりか、逆に損害賠償を請求することも可能性として考えられます。「ウチは、この開発に10人月を投入した。プロジェクトを実施するために、開発機も準備したのに、それがユーザのせいで無駄になったのだから、損害として請求する。それと、開発メンバーは、この仕事がなければ、他で稼いでいた。その分は遺失利益として別途、請求する」…こうした言い分が、全て正しいのかはともかく、こんなことを言われて裁判を起こされる危険もあるわけです。

　読者の皆さんは、普段、民法の条文に触れることがどれくらいあるでしょうか？　また、システム開発の契約書に書かれた文言をどれくらい検討して書いているでしょうか。こうして、よく読んでみると、民法の条文にはいくつかの落とし穴があり、それを契約書でどのように補うのかが大切であることに気づかれるのではないでしょうか。今回の民法改正の機会に、法律の落とし穴に落ちないような契約書の文言について考え直してみるのもよいかもしれません。

132

解説：契約って、常に揉めるんですよ。

山本一郎

っていうか、何かを一緒に始めようとか、長い時間交渉してお互いに理解しあって、よくわかったからじゃあ契約を結ぼうって話になって、さらに細部を詰めて、それで契約書を作って印鑑を押して合意する。合意したはずだ。

なのに、なぜ揉めるのだ。あんなに笑い合ったじゃないか。あんなに仲良かったじゃないか。これからお互いの未来にはかけがえのない希望が光り輝いていたはずなのに、なんだこのクソのようなシステムは。話が違う。こちらが求めたことがまともに実装されていないどころか、そもそも動かないぞこれ。ほんといい加減にしろよ。金返せ。徹夜してでも動くもの持ってこい。支払いはそれからだ。

というわけでだいたい揉めるんですよね。はい。揉めた後で、法務に「そういえば契約書どうなっていたっけ？」となる。あれ、こんな条文あったっけ。おかしい、こんな約束していないはずだ、誰だ担当は。そいつ辞めました。あいつ鬱でお休みしています。そんなのばっかり。揉めるべくして揉める、それが契約書。お互い納得づくだったのに、目算が違ってからが勝負。

やはり後悔しない契約が必要だ。費用の算定も、最初に起こした契約書に沿って仕事量の見積もりをして、人月計算して……ちゃんとやったはずが、揉める。この揉めるポイントは、細川さんの手による本書にだいたい引っかかる。あるよなあ。あるある。あるけど、こういうことがあってはいけない、仕事をする人間であれば、こういったことがないように仕事を進めなければならないという十字架が、安全神話を作り上げ、納品至上主義となり、営業が無理に取ってきた安値受注からゴミのようなデスマーチへと発展していく一里塚となるのだ。

マネージャーは「オンスケです」と言う。進捗を確認しても、大丈夫ですとしか言わないプログラマ。出かけたままなかなか帰ってこないSE。滅びの序曲が社内に鳴り響き、徹夜明けの顔色悪い社員でフロアが埋め尽くされる。その呪いの文書こそが契約書なのだ。高らかにこの開発の趣旨

が謳われ、納期が、仕様が、会議体が、連絡体制が、全てがベンダ関係者をあざ笑うかのように呪詛を投げかけてくるのである。

ユーザもユーザで必死だ。何しろシステム開発のことなどわからぬ。わからないからベンダに頼んでいる。信頼している。と思っている。でもだんだん遅れていく開発。思ったような内容ではない苛立ち。お願いしたはずの仕様が後回しにされ、意見をすれば「それは追加料金が発生します」と言い始め、納期が迫るごとに動いているとはお世辞にも言えない途中経過だけが報告されて、定例会議をすれば遅延の言い訳が始まり、あるタイミングを過ぎると「上を出せ」と言われる。血圧の上がる社長。怒り狂う担当役員。責任は誰に。どう始末をつけるのだ。問題の決着を巡って、ユーザの間で誰が悪かったのかの究極の押し付け合いが始まるのである。発注者側なのだから強く出るべき。残りの金は払わねえぞ。日本で千の開発案件があるならば、実に九百九十は集団催眠もかくあれというような呪いの言葉ばかりが渦巻く凶悪な会議が開かれて混乱に陥るのが通常なのである。

システム開発は本来目指すべきものがあるのではなかったか。あそこを目指してやっていこう、こういう仕様がほしかった、これがあれば仕事がもっと簡単に終えられるはずだ。そういう夢を持って取り組む決断をしたのではなかったか。そこにあるのは技でも力でもない、心だ。システム開発こそがこの煩雑で殺人的なジョブフローを改善してくれるという、美しい目標を目指す誇り高き精神がそこにあったはずなのだ。どこに消えたんだ、あの崇高なる精神は。素晴らしい目標は。思い返せば思い返すほどに、かつての輝いていたプロジェクトのかけらは漆黒のゴキブリのような醜態をさらすことになる。

だが、待ってほしい。

誰もが同じ過ちを犯し、幻想と現実のはざまで思い悩むのが事実だとして、福音はどこにもないのだろうか。同じ過ちであるならば、賢人が歴史から未来を予測するように、先例を知り、同じ悩みを持ち倒れていった多数のプロジェクトとその数多の関係者とが歩んだ苦悩の轍を紐解けば、その泥沼の隘路に立ち入らずに済むのではないか。

本書はそういう古来より繰り返されてきた人類同士の殴り合いの歴史から現在に至るまでの全てが凝縮されている。テーマこそ、契約であり法律であり紛争であり罵り合いだが、そこにあるのはプロジェクトの炎上と金

135

は払わないという怒りだ。怒りの炎そのものだ。外交関係がこじれて戦争となりおびただしい死者を出すのも、ユーザとベンダの間で思い違いがあり思惑が外れて品質の低い納品までしか至らずに裁判沙汰になるのも、原理原則は変わらない。私達が見ているのは人類の歴史そのものだ。その歴史の中に法律があり契約がありカネ勘定があり利益が乗って、資本主義社会を回す歯車となっている。

　本書を手に取った読者よ、共に嘆き悲しみ苦痛の中で作業に追い立てられた関係者の心の叫びをどうか本書から読み取っていただきたい。適当な仕事の結果を、あるいは営業が目先の数字を追ったしりぬぐいを、あまり仕事の流れなどを気にせずにやってきた能天気な現場を、どうか見直してみてほしい。よい仕事にするために必要なエッセンスが、本書にはふんだんに盛り込まれていることを理解して、日々正座しながら声に出して本書を読んでみてほしいと切に願う。

著者プロフィール

細川義洋（ほそかわ・よしひろ）

ITプロセスコンサルタント

東京地方裁判所　民事調停委員 IT専門委員

1964年神奈川県横浜市生まれ。立教大学経済学部経済学科卒。大学を卒業後、日本電気ソフトウェア㈱（現NECソリューションイノベータ㈱）にて金融業向け情報システム及びネットワークシステムの開発・運用に従事した後、2005年より2012年まで日本アイ・ビー・エム株式会社にてシステム開発・運用の品質向上を中心にITベンダ及びITユーザ企業に対するプロセス改善コンサルティング業務を行う。現在は、東京地方裁判所でIT開発に関わる法的紛争の解決を支援した経験をもとに、それらに関する著述も行っている。

主な著書に、『なぜ、システム開発は必ずモメるのか？49のトラブルから学ぶプロジェクト管理術』『「IT専門調停委員」が教える　モメないプロジェクト管理77の鉄則』（ともに日本実業出版社）がある。

紛争事例に学ぶ、ITユーザの心得【契約・費用・法律編】

2017年9月15日　　初版第1刷発行（オンデマンド印刷版Ver.1.0）

著　　者　　細川 義洋（ほそかわ よしひろ）
発行人　　佐々木 幹夫
発行所　　株式会社 翔泳社（http://www.shoeisha.co.jp/）
印刷・製本　　大日本印刷株式会社

©2017 Yoshihiro Hosokawa

- 本書は著作権法上の保護を受けています。本書の一部または全部について(ソフトウェアおよびプログラムを含む)、株式会社翔泳社から文書による許諾を得ずに、いかなる方法においても無断で複写、複製することは禁じられています。
- 本書へのお問い合わせについては、2ページに記載の内容をお読みください。
- 落丁・乱丁本はお取り替えいたします。03-5362-3705までご連絡ください。

ISBN 978-4-7981-5436-7　　　　　　　　　　　　　　Printed in Japan

制作協力 株式会社トップスタジオ（http://www.topstudio.co.jp/）　+ Vivliostyle Formatter